먹을 건 집밥 뿐이다

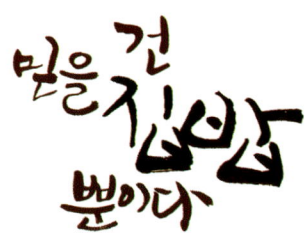

2013. 6. 10 장정개정판 1쇄 발행
2013. 8. 29 장정개정판 2쇄 발행

지은이 | 김정미, 김정은
펴낸이 | 이종춘
펴낸곳 | BM 성안당

주소 | 121-838 서울시 마포구 양화로 127 첨단빌딩 5층(출판기획 R&D 센터)
      413-120 경기도 파주시 문발로 112(제작 및 물류)
전화 | 02)3142-0036
      031)955-0511
팩스 | 031)955-0510
등록 | 1973.2.1 제13-12호
출판사 홈페이지 | www.cyber.co.kr

ISBN | 978-89-315-7663-4 (13590)
정가 | 13,000원

이 책을 만든 사람들

기획 | 최옥현
교정 | 이용화
편집진행 | 최옥현
본문·표지디자인 | 想 company
제작 | 구본철

Copyright © 2013 김정미·김정은.
First edition Printed 2013. Printed in Korea.

이 책의 어느 부분도 저작권자나 BM성안당 발행인의 승인 문서 없이 일부 또는 전부를 사진 복사나 디스크 복사 및 기타 정보 재생 시스템을 비롯하여 현재 알려지거나 향후 발명될 어떤 전기적, 기계적 또는 다른 수단을 통해 복사하거나 재생하거나 이용할 수 없음.

※ 본 도서는 〈밑반찬 찬 123 국찌개 77〉의 장정개정판입니다.
※ 잘못된 책은 바꾸어 드립니다.

머리말

보통 책을 쓰는 일을 아이를 낳는 산고에 비유하지요. 아직 직접적인 경험이 없어서 깊은 속내까지는 모르겠지만 대개 첫아이 낳은 직후에는 너무 힘들어서 다시는 낳지 않겠다고 한답니다. 하지만 눈에 넣어도 아프지 않은 예쁜 아가 때문에 둘째를 또 낳게 된다 더군요. 우리 자매 역시 나이 지긋하신 어머님에서부터 초보자취생까지 책을 보신 분들이 직접 전화를 주시거나 아낌없는 칭찬과 격려의 글이 자매의 두 번째 책을 만들어 주신 게 아닌가 합니다.

푸드 스타일리스트, 요리연구가… 등 이런 거창한 타이틀과는 거리가 먼 그저 집에서 밥해 먹는 평범한 자매지만 요리는 쉽고 간단하면서 맛도 있고 건강에도 좋아야 한다는 생각으로 우연찮게 요리책을 쓰게 되어 '요리조리 자매'라는 애칭을 갖게 되었습니다. 이 책은 말 그대로 대한민국에서 살아가면서 매일 먹는, 그리고 꼭 먹어야 할 대표적인 밑반찬 123가지와 국물요리 77가지가 담긴 요리책입니다. 집앞 슈퍼마켓에서도 쉽게 구할 수 있는 재료와 항상 집에 있는 된장, 고추장, 간장 등 평범한 양념들로 뚝딱뚝딱 만들 수 있는 반찬과 국물요리들이지요. 학창시절 시험에 꼭 나올 법한 문제를 뽑아 족집게 노트를 만들었던 것처럼 우리가 대한민국에서 살아가면서 꼭 먹어야 할 반찬들을 식품의 종류별로 나누어 초등학생들도 따라 할 수 있을 만큼 쉽고 재미있게 요약, 정리하였습니다. 또한 요리조리 자매는 아침을 위한 담백한 국이나 시원한 해장국, 저녁엔 보글보글 찌개, 여유 있는 시간에 준비하는 푸짐한 전골이나 별미국과 탕 등은 조미료 0%의 자연식 웰빙요리를 지향합니다.

초등학교 시절 과학 상상 그리기에 미래에는 작은 캡슐에 하루치 영양분을 담아 한 알만 복용하면 모든 식생활이 해결된다는 그림을 그려낸 적이 있습니다. 어찌 보면 간편해서 좋을 것도 같지만 정말 그렇게 된다면 친구끼리 인사처럼 하는 말 "우리 언제 밥 한 끼 먹자." 했을 때나 즐거운 회식, 약속장소에 모두 모여 물 한잔 떠 놓고 알약 하나 먹는 거 아니겠습니까? 생각해 보니 그 그림 정말 아찔한(?) 그림이었습니다. 맛있는 음식으로 정을 나누고 "차린 것 없지만 많이 드세요." "잘 먹겠습니다." "잘 먹었습니다." 라는 말이 오가면서 행복해지는 것이 우리네 사는 모습이 아닐까 합니다.

이 책에는 처음 보는 재료로 만든 낯선 음식은 하나도 없습니다. 그래서 얼핏 보면 특별할 것 하나 없는 평범한 요리들로 보일 수 있지만 우리 대한민국 할머니와 어머니의 손맛을 그대로 담아 내고, 바쁘게 살다 보니 매일 먹던 것만 먹는 우리 밥상에 다양하고 건강한 변화를 가져다 줄 것 입니다. 이 책이 나오기까지 많은 도움을 주신 성안당 관계자 여러분들과 물심양면으로 도움을 주신 참미디어 김건우 사장님, 지언이 키우면서 짬 날 적마다 열심히 교정을 봐 준 큰언니와 형부에게 감사드립니다. 그리고 뒤에서 열심히 응원해 준 콩깍지 씌인 사랑하는 Lim씨와 고슴도치처럼 세상에서 우리 딸들이 제일로 예쁘고 자랑스럽다고 하시는 부모님께 깊은 감사의 마음을 전합니다. 마지막으로 힘든 과정 속에서도 울고 웃으며 서로를 보듬어 준 우리 자매……. 그 동안 너무 수고했고, 고맙다는 말과 함께 서로에게 진심어린 박수를 보냅니다.

요리조리 자매 정미, 정은

목차

Part 01
즐거운 고민 나누기
자매의 밥상이야기

요리조리 자매의 밥숟가락 계량법 • 012

요리가 즐거워지는 싱싱 냉장고 만들기 • 014

빠르게 간편하게 맛있게~ ♬ 신바람 나는 밥상 차리기 • 017

재료별 맛 더하기 비법 대공개 • 018

국물맛 끝내 주는 육수 만들기 • 020

내 요리에 근사한 마침표 양념장, 소스, 드레싱 만들기 • 022

Part 02
소박한 비타민덩어리
야채반찬

불고기맛 나는~ **새송이양념구이** • 026
요리 하나 더 반짝반짝~ 새송이버섯조림 • 027

똑소리 나는 버섯반찬 **느타리버섯볶음** • 028
요리 하나 더 매콤하고 깔끔한 맛~ 느타리청경채볶음 • 028

보랏빛 향기~ **가지볶음** • 029
요리 하나 더 술술 넘어가는~ 가지찜 • 029

부끄부끄 빼알간 **감자볶음** • 030
요리 하나 더 향이 좋은~ 감자채카레볶음 • 030

빨강, 파랑 액세서리로 멋을 낸 **감자애호박전** • 031
요리 하나 더 오도독오도독~ 팽이버섯전 • 031

정성이 듬뿍~ **더덕구이** • 032
요리 하나 더 더덕향을 그대로~ 더덕오이생채 • 033

빠르게 간편하게 맛있게~ **애호박양념구이** • 034
요리 하나 더 순박한~ 애호박나물 • 034

든든한 친구 만난 **오이생채** • 035
요리 하나 더 송송 썰어~ 오이송송이 • 035

해피타임을 약속하는~ **브로콜리떡볶음** • 036
요리조리 이야기 내 몸을 맑고 깨끗하게 하는 브로콜리 • 037

Part 03
언제나 정겨운 나물반찬

먹어 본 사람은 그맛을 아는 **고구마순나물** • 040
요리 하나 더 순수한 맛~ 고구마순들깨볶음 • 041

가명을 가진 **숙주나물** • 042
요리 하나 더 무난한 우리네 반찬 콩나물무침 • 042

독특한 매력의 이유~ **도라지나물** • 043
요리 하나 더 씹히는 맛이 좋은~ 오이도라지무침 • 043

마음껏 무치자~ **비름나물무침** • 044
요리조리 이야기 약으로도 쓰는 비름 • 044

이름처럼 순하고 부드러운~ **깻잎순나물** • 045
요리조리 이야기 한국의 허브~ 깻잎 • 045

한식집 반찬 따라잡기 **고사리들깨즙볶음** • 046
요리 하나 더 비빔밥에 꼭 들어가는 고사리나물 • 046

눈과 입을 즐겁게~ **취나물볶음** • 047
요리조리 이야기 요리 전 밑손질 하기 • 047

나물반찬 백점받기 **시금치무침** • 048
요리 하나 더 고소하고 구수한~ 시금치무침 • 048

너무나 왕성한 소화력~ **무생채나물** • 049
요리 하나 더 부드러운~ 무나물 • 049

구수한 고향생각~ **무청시래기나물** • 050

우리집 텃밭이야기 **냉이무침** • 051
요리 하나 더 또 다른 버전으로~ 냉이고추장무침 • 051

여름을 알리는 **마늘종간장볶음** • 052
요리 하나 더 매콤달콤~ 마늘종장아찌무침 • 052

늘 봄날처럼~ **달래초무침** • 053
요리 하나 더 초초초간편~ 부추달래무침 • 053

Part 04
슈퍼에서 찾은 만만한 계란, 두부, 가공식품반찬

초스피드~ **뚝배기계란찜** • 056
요리 하나 더 뭉근히 익히는~ 정통계란찜 • 056

치즈를 내 품에~ **치즈계란말이** • 057
요리 하나 더 부드러운~ 스크램블에그 • 057

두부 한 모 사 오너라~ **매콤두부지짐** • 058
요리 하나 더 맛깔스런 두부간장조림 • 058

야리야리~ **연두부냉채** • 059
요리 하나 더 쫀득쫀득~ 도토리묵무침 • 059

맛나조림장으로 만든 **어묵풋고추조림** • 060
요리 하나 더 발그레~ 매운어묵볶음 • 0620

우리 둥글게 살아요 **참치동그랑땡** • 061
요리 하나 더 밥에 슥슥 비벼먹는 야채참치 • 061

여자라서 행복아요~ **소시지야채볶음** • 062
요리조리 이야기 우스터소스와 굴소스 • 063

힘없는 감자는 가라~ **감자베이컨볶음** • 064
요리 하나 더 간식으로도 굿! 베이컨떡말이 • 064

입맛 돌아오는~ **부추크래미무침** • 065
요리조리 이야기 크래미와 베이컨 • 065

Part 05
입맛 당기는 웰빙푸드
생선, 해산물반찬

제주 아일랜드의 **갈치조림** • 068
요리 하나 더 우리 엄마스타일 갈치무조림 • 068

자꾸만 생각나는 소스 **삼치데리야끼** • 069
요리 하나 더 담백한 맛의 일인자 삼치소금구이 • 069

자반고등어의 빨간 버전 **고갈비** • 070
요리 하나 더 군침 도는 자반고등어구이 • 071

어디로 갔나? **병어고추장조림** • 072
요리조리 이야기 병어이야기 • 072

공주엄마를 위한 **코다리조림** • 073
요리 하나 더 북어의 변신은 무죄~ 북어양념구이 • 073

저렴하고 맛있는~ **코다리콩나물찜** • 074
요리 하나 더 아구 맛나라~ 아구찜 • 074

밥상 위에 뿌듯함~ **꼬막찜** • 075
요리 하나 더 먹기 편해 좋아요~ 꼬막무침 • 075

맛집 따라잡기 **오징어불고기** • 076
요리 하나 더 꼬들꼬들~ 낙지볶음 • 077

귀가 쫑긋 **굴전** • 078
요리 하나 더 신선하게 즐겨요~ 굴무생채 • 078

두말하면 잔소리~ **미역줄기볶음** • 079
요리 하나 더 이번엔 빨갛게~ 미역줄기초고추장무침 • 079

Part 06
보기만 해도 군침 도는
고기반찬

감동의 물결~ **제육볶음** • 082
요리조리 이야기 고기양념에는 두반장을... • 082

눈으로 먼저 느끼는~ **쇠고기양송이볶음** • 083
요리 하나 더 그윽한 버섯향~ 버섯불고기 • 083

이젠 닭도리탕이 아닌 **닭볶음탕** • 084
요리 하나 더 안동시장표 야채찜닭 • 085

일석이조 **김치말이보쌈** • 086
요리 하나 더 원조맛 그대로~ 돼지고기보쌈 • 087

궁궐에서 먹었다던 **떡갈비** • 088

애주가의 **와인삼겹살** • 089
요리 하나 더 신토불이 된장삼겹살 • 089

돌아서면 생각나는~ **닭갈비** • 090
요리 하나 더 남은 양념으로 만든 볶음밥 • 091

Part 07
마음까지 든든하게 채워 주는 밑반찬

슈퍼 울트라 초간단~ **미역자반** • 094
요리 하나 더 바삭바삭 즐거워~ 다시마튀각 • 094

청개구리의 **멸치고추장볶음** • 095
요리 하나 더 이렇게 맛있는 걸~ 간장멸치볶음 • 095

뱅어대타 실치의 **뱅어포양념구이** • 096
요리 하나 더 왕고소해~ 마른새우볶음 • 097

아낌없이 주는 **북어포무침** • 098
요리 하나 더 오징어채의 부드러운 변신 오징어채볶음 • 098

외할머니가 전수해 주신 **무말랭이무침** • 099
요리조리 이야기 할머니께서 전수해 주신 또 하나의 무말랭이 • 099

이름을 닮은 맛 **장똑똑이** • 100
요리 하나 더 든든한 친구 쇠고기장조림 • 100

볼 때마다 든든한~ **우엉조림** • 101
요리 하나 더 씹는 맛이 좋은 연근조림 • 101

꿀을 넣어 꿀맛? **약고추장** • 102
요리조리 이야기 한류를 몰고 올 우리의 약고추장 • 102

완전 모듬세트~ **모듬장아찌** • 103
요리 하나 더 웅녀의 마늘장아찌 • 103

Part 08
행복이 무르익는 김치

설렁탕집 명품김치 **넙적깍두기** • 106
요리 하나 더 너무 쉬운~ 깍두기 • 106

내손으로 담근 김치~ **포기배추 절이기** • 107

매운 음식은 나와 함께~ **백김치** • 108
요리 하나 더 빨간 양념 발라 주면~ 포기김치 • 109

내손으로 담근 예술 **맛김치** • 110
요리 하나 더 신선한 즉석김치~ 배추겉절이 • 111

폭탄고구마의 추억 **동치미** • 112
요리 하나 더 개운하고 시원하게~ 나박김치 • 112

힘내라! **파김치** • 113

빨리빨리~ **깻잎김치** • 114
요리 하나 더 조금 기다려요~ 된장깻잎김치 • 114

완전 반했어~ **갓김치** • 115
요리조리 이야기 어떤 갓으로 갓김치를 담는 걸까? • 115

Part 09
야심만만 솜씨만만 별미반찬

오븐 없이 가는 거야!~ **베이비립** • 118
요리조리 이야기 BBQ소스 만들기 • 119

119를 불러 줘요 **매운등갈비** • 120
요리 하나 더 입안이 얼얼~ 불닭 • 121

만족스러운 중국요리 **깐풍기** • 122
요리 하나 더 탕탕탕탕~ 탕수육 • 123

요리조리 자매가 접수한 **돼지고추장불고기** • 124
요리조리 이야기 돼지고기의 부위별 용도 • 125

Part 10
매일 먹어도 맛난 세상 매일국

활기찬 아침을 위하여~ **팽이버섯계란국** • 128
요리조리 이야기 팽이버섯 이야기 • 129

웰컴투~ **대관령황태국** • 130
요리 하나 더 해장국하면~ 북어국 • 131

감자가 좋아~ **매운감자국** • 132
요리 하나 더 맑고 깨끗한 맑은감자국 • 133

날개를 달자~ **콩가루냉이국** • 134
요리조리 이야기 유전자 변형식품(GMO) 이야기 • 135

숟가락이 멈춰지지 않아~ **시금치된장국** • 136
요리 하나 더 원기회복에 좋은 아욱토장국 • 137

조개가 주는 감칠맛 **냉이된장국** • 138
요리조리 이야기 천연조미료 만들기 • 139

순수하고 깊은 맛 **전주콩나물국밥** • 140
요리 하나 더 얼큰하고 시원한 콩나물국 • 140

요긴한 비상식량 **얼갈이배추국** • 141
요리 하나 더 근데말이야~ 근대된장국 • 141

입이 활짝 맛도 활짝~ **모시조개국** • 142
요리 하나 더 속 시원한 재첩국 • 142

소박한 이야기 **어묵국** • 143
요리 하나 더 빼 먹는 재미 어묵꼬치국 • 143

국물이 개운한 **조개미역국** • 144
요리 하나 더 해피버스데이~ 쇠고기미역국 • 144

맘 편한 **탕국** • 145
요리 하나 더 힘이 솟는 쇠고기무국 • 145

Part 11
보글보글 소리까지 맛있는 찌개

설레는 마음 **달래된장찌개** • 148
요리 하나 더 해물이 좋아~ 해물된장찌개 • 149

마음의 고향 **호박고지된장찌개** • 150
요리 하나 더 된장찌개의 터줏대감 애호박된장찌개 • 151

슥슥 비벼 먹는 **강된장찌개** • 152
요리 하나 더 입안 가득 쌈잔치~ 우렁쌈장 • 152

푹~익은 그맛 **총각무청국장** • 153
요리 하나 더 신김치가 기가 막혀~ 청국장찌개 • 153

우린 코드가 맞아~ **꽁치김치찌개** • 154
요리 하나 더 무난한~ 참치김치찌개 • 155

후다닥~ **햄김치찌개** • 156
요리 하나 더 국물이 진한~ 돼지고기김치찌개 • 156

순수한 하모니~ **김치순두부찌개** • 157
요리 하나 더 분식집 스따~일 순두부찌개 • 157

리틀 부대찌개?? **어묵소시지찌개** • 158
요리 하나 더 조화로운 퓨전부대찌개 • 159

힘이 솟는~ **쇠고기당면찌개** • 160
요리조리 이야기 국내산? 한우? • 160

주문을 걸어~ **콩비지찌개** • 161
요리 하나 더 구수한 찌개 김치콩비지찌개 • 161

충청도 스타일 **두부찌개** • 162
요리조리 이야기 남은 두부 신선 보관법 • 162

기사식당 스따~일 **얼큰버섯찌개** • 163

이것저것 섞으면 **오징어섞어찌개** • 164
요리 하나 더 순수한 오징어의 맛 오징어무국 • 165

길들여진 국물맛 **생태찌개** • 166
요리 하나 더 아~ 시원해 동태찌개 • 167

Part 12
잊을 수 없는 그 맛
별미국

긴긴 겨울밤이면 생각나는~ **도토리묵국** • 170
요리 하나 더 가슴까지 시원한 미역오이냉국 • 170

시원한 무와 굴의 만남 **굴무국** • 171
요리 하나 더 해장국으로도 좋은 굴국밥 • 171

복이 굴러 들어오는~ **조랭이떡국** • 172
요리 하나 더 예쁘게 빚은 손맛 만두국 • 173

순수한 국물 **순대국** • 174
요리조리 이야기 대한민국 소시지 순대이야기 • 175

육개장 사촌동생 **닭개장** • 176
요리 하나 더 쇠고기 넣으면 육개장 • 177

남은 불고기로 **불고기뚝배기** • 178
요리조리 이야기 냉동실에 두었던 쇠고기로 깔끔한 맛 나는 국 끓이기 • 179

터프하게 먹는~ **꽃게찌개** • 180
요리 하나 더 꽃게가 헤엄치는~ 꽃게탕 • 181

Part 13
사랑과 정성으로 끓이는
전골, 탕

푸짐해서 조아조아~ **떡만두전골** • 184
요리 하나 더 우리는 찰떡궁합~ 불낙전골 • 185

영양이 보글보글~ **버섯전골** • 186
요리조리 이야기 쇠고기, 어떤 부위로 어떻게 요리할까? • 187

자꾸만 배가 생겨요~3코스 **샤브샤브** • 188
요리 하나 더 구수한 국물이 일품인 정통샤브샤브 • 189

뽀얗게 우려낸 **설렁탕** • 190
요리조리 이야기 진정한 설렁탕 구별법 • 190

일석이조 **사골우거지국** • 191

언제 갈비탕 먹는 거야? **갈비탕** • 192
요리조리 이야기 얼큰한 국물을 위한 다대기 만들기 • 193

2단 변신~ **닭곰탕** • 194
요리조리 이야기 닭 누린내 완벽 제거법 • 195

아빠가 제일 좋아하시는 **오리탕** • 196
요리 하나 더 몸보신의 대명사 삼계탕 • 197

뼈대있는 음식 **김치감자탕** • 198
요리 하나 더 구수하고 담백한 맛 얼갈이등뼈감자탕 • 199

아쉬운 젓가락질은 이제 그만~ **알탕** • 200
요리 하나 더 용궁잔치 열렸네~ 해물탕 • 200

싱싱함이 관건인~ **우럭매운탕** • 201
요리 하나 더 강태공의 쏘가리매운탕 • 201

쫄깃쫄깃~ 시원~한 **낙지연포탕** • 202
요리조리 이야기 낙지 손질하기 • 203

외할머니표 **추어탕** • 204
요리조리 이야기 지역마다 다른 추어탕 맛보기 • 205

Part 01

즐거운 고민 나누기
자매의 밥상이야기

밥상을 차리는 사람이라면 너나 할 것 없이 하게 되는 가장 큰 걱정이 '오늘은 뭘 해 먹을까?' '무슨 반찬에 어떤 국을 끓여야 하나?'일 것입니다. 이는 여든이 넘으신 할머니도 끼니때마다 하는 고민이라고 합니다. 우리가 살아가면서 먹고 사는 문제는 어찌 보면 가장 중요한 피할 수 없는 평생의 숙제와 같은 것이지요. "피할 수 없으면 즐겨라."라는 말처럼 즐거운 마음으로 배려와 정성을 쏟는다면 어떤 것도 못할 것이 없겠지요. 싱싱하고 건강한 냉장고 만들기, 끝내주는 국물 만들기, 신바람 나는 밥상 차리기, 음식에 제 맛 내기 등 내 가족을 위한 즐거운 고민 요리조리 자매와 함께 나눠 봅시다.

요리조리 자매의 밥숟가락 계량법

바쁘고 분주한 주방에서 일일이 계량스푼이나 저울에 달아 요리하는 것은 현실적으로 힘든 일이에요. 자매는 늘 우리 곁에 있어 편리하고 익숙한 밥숟가락을 계량스푼으로, 조금 많은 분량은 종이컵으로, 그리고 부피가 있는 야채나 덩어리는 그냥 손으로 했어요. 과학적이고 오차 없이 정확한 계량은 아니라 해도 우리의 할머니 그리고 어머니가 하셨던 것처럼 대대손손 내려오는 손맛 느껴지는 계량법이 아닌가 해요.

■ 밥숟가락으로 계량

양념장 종류

고추장(1)
고추장을 한 숟가락 떴을 때 위가 약간 불룩한 모양

된장(1/2)
된장을 반 숟가락 떴을 때 위가 약간 불룩한 모양

다진 마늘(1/3)
숟가락 끝으로 살짝 얹어진 모양

가루 종류

설탕(1)
한 숟가락 수북이 떠서 좌우로 살살 흔들었을 때의 양

고춧가루(1/2)
숟가락의 반을 가볍게 떠낸 양

깨소금(1/3)
숟가락 끝으로 살짝 떠낸 양

※ 약간이나 분량 표기가 없는 것
'약간'은 엄지와 검지를 이용해서 집어 낸 정도이고, 야채 역시 적은 양을 뜻해요. 분량 표기가 없는 것은 각자 입맛이나 취향에 맞게 넣으면 됩니다.

액체 종류

간장(1)
간장을 숟가락에 부어 위가 약간 볼록한 모양

청주(1/2)
청주를 숟가락에 부어 중간보다 조금 더 큰 원을 그린 모양

식초(1/3)
숟가락 가운데 작은 원을 만든 모양

■ **종이컵으로 계량** 간장(1컵)=24숟가락, 설탕(1컵)=14숟가락, 돼지고기(1컵)=200g

1컵
종이컵 가득

1/2컵
종이컵 중간에서 약간 올라온 양

1/3컵
종이컵 중간에서 약간 내려간 양

■ **손으로 계량**

야채(1줌)
한손으로 야채를 가볍게 잡은 정도의 양

면(1줌)
엄지와 검지로 살짝 쥔 정도의 양(1인분)

야채(1토막)
한손에 잡히는 크기

요리가 즐거워지는
싱싱 냉장고 만들기

도대체 뭣이 그렇게 들었는지 늘 가득 차 있는 냉장고이지만 막상 요리를 하려고 보면 필요한 재료는 어디에 숨었는지 찾을 수 없고, 혹시 찾게 되더라도 이미 상해 버려서 속상했던 경험들 있으실 거예요. 냉장고가 무슨 요술창고라도 되는 양 처음처럼 그렇게 유지시켜 줄 거라는 잘못된 믿음으로 무조건 쌓아 두기만 하진 않으셨나요? 이제부터 자매와 함께 요리가 즐거워지는 싱싱 냉장고를 만들어 봐요.

■ 칸칸이 앞으로 나란히~ 냉장실

냉장실은 바로 요리해야 하는 재료나 자주 꺼내는 음식 등 빨리 먹어야 하는 순서로 보관하는 것이 포인트랍니다. 그래서 자주 꺼내는 음식은 윗칸에 천천히 오래 두고 먹는 김치나 장 종류는 아랫칸에 수납하고, 문에는 계란, 그리고 중간에는 버터와 치즈, 소스류 그리고 음료를 넣어 칸마다 활용을 달리하여 나름의 질서를 찾아 주세요.

속 보이는 냉장고 만들기
요리를 잘하기 위해서는 우선 냉장고 속을 훤히 알고 있어야 해요. 그래서 속이 들여다보이는 밀폐용기나 팩을 이용해야 한답니다. 뚜껑을 열지 않아도 무엇이 얼마나 남았는지 알 수 있고, 맛있게 만들어 놓은 반찬이 어디에 어떻게 있는지 파악할 수 있게 속을 훤히 보여 주세요. 모든 식재료들은 공기에 노출되지 않게 부지런히 밀폐용기에 담고 발 빠르게 비닐팩이나 지퍼백에 싸두면 다 내 재산이 되는 겁니다.

냉장고 문지기 소스와 양념들
냉장고 도어를 보면 요리에 관심도를 알 수 있다고들 해요. 요리에 필요한 양념이나, 소스들을 냉장고 문지기로 두기 때문이지요. 식초, 청주, 액젓은 물론이고 간장 역시 조리대 근처에 두면 온도 때문에 발효가 되어 맛이 변하니 냉장 보관하세요. 케첩, 우스터소스, 머스터드소스, 핫소스, 와사비, 연겨자, 두반장, 치즈가루, … 모두 줄 세우고 단, 마요네즈는 9℃ 이하에서는 오히려 분리되기 쉽고 균이 번식하기 쉬우니 입구를 깨끗이 닦아 그냥 실온에 두세요.

야채와 과일은 전용실로 모시기
야채와 과일들은 투명한 비닐팩이나 지퍼백으로 밀봉해서 맨 밑 야채 전용칸에 모시세요. 쓰임이 많은 파는 물받이가 있는 길다란 파전용 밀폐용기에 손질해서 보관해 두고, 요리하면서 나오는 짜투리 야채들을 한곳에 모아 역시 물받이가 있는 밀폐용기에 종합 야채세트를 만들어 주면 편리하고 알뜰하게 모두 이용할 수 있게 되지요.

가까이 오면 다쳐… 계란 그리고 탈취제
계란은 뾰족한 쪽을 아래로 해서 두면 좀더 오랫동안 신선도가 유지된답니다. 하지만 계란 옆에 다른 식품을 함께 두면 계란껍질에 있을 수 있는 균에 의해 교차오염이 생길 수 있으니 계란 옆에는 다른 식품을 두지 마세요. 그래서 그 옆에 원두커피 찌꺼기를 뚜껑 없는 용기에 담아 두고 탈취제로 사용하면 냉장고를 열 때마다 커피향이 은은하답니다.

■ 출신별로 헤쳐 모여~ 냉동실

한꺼번에 많은 양의 재료를 구입하거나 장기간 두면 벌레가 나거나 냄새가 나는 건어물과 곡류, 각종 가루나 육류를 비롯한 과일, 떡, 빵 등 오래 보관하고 싶은 것은 모두 냉동고에게 맡기지요. 하지만 수납 전에 손질해서 수분을 제거하고 한번 먹을 만큼 나누어 담고 꼭꼭 밀봉해서 공기와의 접촉을 가장 최소화시켜 주어야 맛과 영양이 변하지 않는다는 냉동고의 기본원칙을 꼭 지켜 주세요.

육지출신 모여~ 고기류
한번 먹을 만큼 잘라 랩에 싸거나 비닐팩에 담아 공기와의 접촉을 최소화시켜 주세요. 고기의 겉면에 식용유를 살짝 발라 보관하는 것도 좋은 방법이에요. 밀봉한 것은 종류별로 모아 밀폐용기나 알루미늄으로 된 냉동케이스에 담아 이름을 적어 두면 수납도 깔끔하고 꺼내 쓰기에 편리해요.

바다출신 모여~ 생선류
생선을 냉동 보관할 때는 비늘이 있을 경우 긁어 내고, 오징어는 반 갈라 내장 빼고 껍질 벗겨 주고, 토막 낸 생선은 소금과 청주에 살짝 재워 주세요. 그런 다음 물기는 완전히 흡수시키고 랩이나 비닐팩에 담아 역시 밀폐용기나 냉동케이스에 보관하세요.

비상식량~ 나물류
얼갈이배추나 토란대, 시래기, 고사리 등을 데쳐 물기를 꽉 짠 다음 1회분씩 나누어 냉동 보관해 두면 국이나 찌개거리로 요긴해요. 따로 해동할 필요 없이 국물이 끓을 때 넣어 주면 자연해동되면서 질기지 않고 더욱 맛있답니다. 그리고 시간 날 때 돼지고기나 닭고기로 커틀릿을 만들어 두거나, 양념불고기 역시 요긴한 비상식량이 되지요.

뚝딱뚝딱 요리 도우미~ 양념류
마늘이나 생강을 다져서 비닐팩에 담아 넓게 펴서 살짝만 냉동했다가 깍둑 썰어서 밀폐용기에 담아 두면 아주 편리해요. 고추와 대파는 송송 썰어 냉동 보관해 두면 바쁠 때도 뚝딱하고 요리를 완성할 수 있어요. 사용하고 남은 가루나 양념류도 밀봉해서 냉동실 도어에 줄 세우고, 또 한 가지 플라스틱용기에 담긴 꿀은 냉동실에 보관하면 허옇게 되거나 굳어 엉기지 않고 신선한 상태가 유지되지요.

건어물과 그 밖에...
국물재료 삼총사(국멸치, 다시마, 마른 새우)와 건표고버섯, 김이나 고춧가루, 들깨가루, 콩가루 등도 냉동실에 넣어 두면 벌레가 나거나 묵은 내가 나지 않아요. 그 밖에 딸기, 메론, 바나나 등의 과일도 냉동해 두면 훌륭한 주스와 쉐이크로 변신하는 거 아시죠? 빵과 떡도 말랑할 때 냉동해 두었다가 실온에서 해동하면 다시 말랑해져서 먹기 좋아요.

■ 냉장고 이용시 안전한 **보관기한**

쇠고기 냉장 보관 3~5일, 냉동 보관 3개월

돼지고기 냉장 보관 2~3일, 냉동 보관 15일~1개월

생선류 냉장 보관 1~2일, 냉동 보관 15일~1개월

햄, 소시지 냉장 보관 7~10일, 냉동 보관 1~2개월

계란 냉장 보관 15일~1개월

버터 냉장 보관 3개월, 냉동 보관 1년

오이, 호박 냉장 보관 3~7일

데친 채소 냉장 보관 1~2일, 냉동 보관 2개월

■ 냉장고 수납의 몇 가지 원칙

1. 장기간 보관은 금물
냉장고는 요술창고가 아니라 재료의 신선도를 어느 정도 연장시켜 세균의 증식을 당분간 막아 주는 곳이니 너무 오래 보관하지 마세요.

2. 계절별 온도 조절
여름에는 강으로, 겨울에는 약으로 하면 전기를 절약할 수 있어요. 그리고 뜨거운 것은 반드시 식혀서 넣고, 문을 여닫는 횟수를 최소화 하세요.

3. 빈 공간 남겨 두기
내용물이 너무 꽉 차게 되면 공기의 흐름이 막혀 냉장효과가 떨어지니 용량의 70%가 넘지 않도록 하세요.

4. 냉장고 온도 알기
같은 냉장고에서도 위치에 따라 온도가 다르답니다. 아래로 갈수록, 문 뒤쪽일수록 온도가 높아요. 생선이나 고기류를 냉장실에 보관할 때에는 가장 윗칸에 두는 것이 좋겠지요.

빠르게 간편하게 맛있게~♪
신바람 나는 밥상 차리기

매일같이 차려 내는 밥상이지만 늘상 분주하고 두서가 없어 한바탕 전쟁 치루는 기분이 들거나 그냥 맘 편히 한 끼 때운다 생각해도 무얼 먹을까? 어떻게 요리할까? 끊임없는 고민을 하게 되지요. 하지만 조리시간을 단축하면서도 뚝딱하고 손빠르게 밥상을 차려 내는 몇 가지 요령만 알면 더욱 간편하고 맛있게 상차림을 끝낼 수 있답니다. 손에 익숙해지면 휘파람 흥얼거리는 여유도 생긴다니까요.

1. 자주 쓰는 양념재료는 미리 손질해 두기
파, 마늘, 양파 등은 음식에 정말 많이 들어가는 단골 재료예요. 하지만 음식하다 말고 파 다듬고, 양파 껍질 벗기고 정신이 없지요. 하지만 이런 것들은 시간 날 때 2~3일치를 미리 다듬어 물받이가 있는 밀폐용기에 담아 냉장실에 보관해 두면 요리시간이 두 배로 단축되지요.

2. 용도별로 손질하고 나눠서 냉동실에 보관하기
얼갈이나 근대 등의 나물은 미리 다듬고 데쳐서 1회분씩 냉동실에 보관했다가 국물이 끓을 때 넣어주면 빠른 시간에 뚝딱하고 국이 만들어져요. 쇠고기는 덩어리째 보관하면 조리시 낭패를 보게 되니 용도별로 썰어서 1회분씩 보관하세요.

3. 불필요한 요리과정 줄이기
나물을 무칠 때 양념을 하나씩 넣기보다는 미리 양념을 섞어 한꺼번에 무쳐 내면 간편해요. 조림도 마찬가지로 조림장을 만들어 끓이다가 후다닥 조리세요. 반대로 양념이 몇 가지 안된다면 양념을 직접 하나하나 넣는 것이 효율적이겠지요.

4. 그때그때 치워가며 요리하기
정신없이 요리에 몰두하다 보면 밥도 안 먹었는데 설거지통이 가득할 때가 많아요. 재료 손질 후 볼과 도마도 바로바로 씻어 정리하고, 국 끓이는 동안 반찬 만들었던 그릇 역시 깨끗이 씻어 두면 요리가 끝남과 동시에 주방이 말끔히 정리되지요.

5. 기본반찬 확보해 두기
끼니마다 늘 새로운 반찬으로 가짓수를 맞추기에는 너무나 힘겨워요. 꺼내기만 하면 되는 마른반찬이나 장아찌, 김치를 확보해 두면 밥상 차리기가 한결 수월해요. 시간이 나는 주말에 한두 가지의 밑반찬을 미리 만들어 두세요.

6. 요리의 기본원칙 지키기
맛있는 요리를 위한 몇 가지 기본원칙이 있어요. 볶음이나 부침은 미리 팬을 달궈서 하고, 데칠 때에는 팔팔 끓는 물에 소금을 조금 넣어 데쳐 내고, 감자는 찬물에 담가 전분기를 빼 주고, 생선은 국물이나 조림장이 끓을 때 넣어야 모양을 유지시켜 준답니다.

7. 조리시간과 불조절에 신경 쓰기
조리시간이 길어지면 재료들도 지쳐서 늘어지거나 물이 생겨 씹는 맛도, 보기도 좋지 않아요. 야채를 볶거나 데칠 때에는 센 불에서 재빨리 하고, 조림이나 찌개는 약한 불에서 뭉근히 조리거나 끓여야 간이 배고 깊은 맛을 낼 수 있답니다.

재료별 맛 더하기
비법 대공개

■ 쇠고기

질긴 고기를 부드럽게 하기
쇠고기의 질긴 부위에 과일즙을 몇 방울을 고루 펴 바른 뒤 칼등이나 병으로 두드려 주면 힘줄이 파괴되어 고기가 연해진답니다. 또 양념에 배즙을 넣거나 파인애플과 키위 역시 단백질 분해효소가 있어서 함께 재우면 고기가 연해진답니다.

국물용 고기는 찬물에 삶기
국물을 내기 위한 사태나 양지머리는 찬물에서 핏물을 빼고 다시 찬물에 넣고 파, 마늘 등의 향신재료와 함께 삶아 주세요. 끓어오르면서 나오는 거품은 자주 걷어내 주어야 누린내가 나지 않아요.

고기가 주인공인 요리의 고기는 끓는 물에 넣기
장조림이나 편육처럼 고기가 주인공인 요리는 끓는 물에 고기를 삶아야 해요. 찬물에 넣어 익히게 되면 맛있는 고기 맛이 국물에 다 우러나 정작 고기는 맛이 없거든요.

전골용 쇠고기는 미리 양념하기
국물과 고기 맛을 동시에 즐기는 전골요리의 경우 쇠고기에 미리 양념을 해 주세요. 그러면 고기에도 적당히 간이 배어 고기도 맛있고 국물도 진하게 만들어 주니까요.

■ 돼지고기

구입 즉시 조리하기
돼지고기는 수분을 많이 갖고 있어서 다른 고기보다 쉽게 상한답니다. 가능하면 신선할 때 조리하는 것이 가장 좋고, 냉동 보관했다면 냉장실에서 서서히 해동해야 육즙이 적게 나와 어느 정도의 맛을 유지할 수 있어요.

고깃결과 직각으로 자르기
고기를 자를 때에는 고깃결과 직각(고깃결 반대방향)으로 썰면 질긴 섬유질을 자르게 되므로 고기가 연해지고 가열하면서 수축되어 고기 모양이 변하는 것도 막을 수 있어요.

삶을 때 첫물은 버리기
갈비찜이나, 감자탕 등에 들어가는 갈비나 등뼈를 끓인 첫물은 버리고 다시 물을 부어 삶아야 물이 깨끗하고 누린내도 나지 않아요. 또한 돼지고기의 기름기가 싫다면 끓는 물에 살짝 데쳐 주면 담백한 돼지고기 요리가 만들어진답니다.

누린내 없애기
고기를 재울 때 다진 마늘, 생강, 파, 후춧가루나 카레를 넣어 양념하세요. 볶음 요리에서는 다진 마늘과 파 등을 먼저 기름에 볶아 향을 내주고, 삶을 때에는 된장을 풀거나 인스턴트 커피를 조금 넣어 주면 누린내 제거에 효과적이에요.

■ 닭고기

신선한 닭이 첫째
닭고기는 잡은 후 5~8시간 냉장한 고기가 가장 맛있다고 해요. 특별히 숙성기간이 필요 없으므로 갓잡은 신선한 닭이 최고의 요리를 만들어 주지요.

향신양념으로 누린내 없애기
청주와 후춧가루 등으로 밑간양념을 해서 15분 정도 재워두면 닭고기의 누린내를 없애는 데 효과적이에요. 또 마늘, 대파, 생강, 통후추 등의 향신재료를 넣고 조리하면 말끔히 없앨 수 있지요.

중불에서 서서히 알맞게 익히기
닭고기는 다른 육류보다 지방이 적어서 센 불에서 오랫동안 익히면 퍽퍽해서 맛이 없어지니 푹 삶아야 제맛인 삼계탕을 제외하고, 중불에서 서서히 하되 너무 익히지 마세요.

맛있는 닭튀김 만들기
얼음물로 반죽한 튀김옷을 입혀 튀김옷을 조금 넣었을 때 내려갔다가 바로 올라오는 기름에서 속까지 서서히 익힌 다음 건져서 다시 센 불에 한번 더 튀겨 내면 바삭바삭한 닭튀김이 된답니다.

■ 생선

비린 맛 제거하기
청주와 후춧가루로 밑간을 하거나 레몬즙을 뿌려 주면 살이 단단해지고 비린 맛도 제거돼요. 또 튀김옷에 카레가루를 약간 섞어 주거나, 생선조림장이나 양념장에 참기름을 넣어 주면 고소한 향이 비린 맛을 없애는 데 한몫한답니다.

국물이 끓을 때 생선 넣기
찌개나 매운탕을 끓일 때 생선을 처음부터 넣으면 생선살이 부서지고 모양이 망가지지만 국물이 바글바글 끓을 때 넣으면 바로 응고되면서 부서지지 않아 깔끔하고 맛있어요.

생선구이 예쁘고 바삭하게 하기
팬에 생선을 구울 때에는 여러 번 뒤집지 말고, 한쪽을 노릇하게 완전히 굽고 다른 쪽도 마저 구워 주세요. 정어리, 은어, 꽁치 같은 구이용 생선은 굽기 직전에 소금을 뿌려야 바삭하답니다.

생선조림 맛있게 하기
생선조림할 때 바닥에 무나 양파, 무청 등의 야채를 깔아 주면 생선살이 눌러 붙지 않고 양념이 밴 야채도 맛있어요. 생선을 뒤집으면 살이 부서지니 양념장을 끼얹어 가며 조리세요. 조리기 시작할 때는 센 불에서 끓인 다음에는 국물이 약간 끓을 정도의 약한 불에서 서서히 조리세요.

국물맛 끝내 주는
육수 만들기

혹시 아직도 맹물 부어 끓이다가 화학조미료로 맛을 내는 국이나 찌개를 끓이고 계신가요? 사랑하는 내 가족을 위해 정성들여 끓이는 국물 요리에 기왕이면 우리 가족의 건강과 깊은 감칠맛까지 함께 선물하자구요. 식탁에서 "국물이 끝내 줘요!" 소리가 절로 나오니까요.

■ 기본 육수 재료

국멸치
큰 사이즈의 국물용 멸치로 구입해서 머리와 내장은 제거하고 밀폐용기에 담아 냉동실에 두었다가 국물 낼 때 5~10마리씩 꺼내 쓰세요. 멸치의 구수하고 담백한 맛은 된장찌개를 비롯한 다양한 국물 요리에 감칠맛을 더해 주어 육수 만들기에 기본이자 꼭 필요한 재료랍니다.

다시마
멸치의 국물 내기 단짝 친구는 다시마예요. 다시마 표면에 흰 가루는 젖은 행주로 닦아 주고, 사방 5cm로 잘라 밀폐용기에 담아 냉동실에 보관했다가 한 장씩 꺼내서 쓰세요. 다시마로 낸 국물은 담백하고 개운한 맛으로 깔끔하고 시원한 국물을 약속하지요.

마른 새우
마른 새우를 마른 행주로 문질러 잔가시를 없앤 후 밀폐용기에 담아 냉동실에 보관했다가 국물 낼 때 4~5마리씩 넣어 주세요. 마른 새우는 달큰하면서도 시원한 감칠맛을 더해 준답니다.

표고버섯
말린 표고버섯은 미지근한 물에 불려 버섯은 따로 쓰고 불린 물을 육수로 이용하지요. 요리하고 남은 생표고나 표고버섯의 버리는 밑동을 잘라 말려 두었다가 국물을 내어도 특유의 진한 버섯향이 그만이지요.

마른 고추
마른 고추는 팩에 든 것을 소량으로 구입하거나 냉장고에서 오래되어 탄력을 잃은 붉은 고추를 베란다에 말렸다가 사용하지요. 마른 고추의 꼭지를 떼고 그 사이로 젓가락을 넣고 몇 바퀴 돌려 털어 내면 씨가 다 빠진답니다. 마른 고추는 한 개만 넣어도 맑은 국물에서는 얼큰하면서 시원한 맛을 내 주고 국물의 깊은 맛을 더해 주니 각종 전골육수에 넣어도 아주 좋아요.

쇠고기, 닭
쇠고기는 양지머리나 사태살을 찬물에 담가 핏물을 빼서 대파, 양파, 마늘, 무를 넣어 푹 고아 주세요. 닭고기 역시 요리하고 발라 놓은 뼈에 양파, 대파, 무, 통마늘을 넣고 고아서 기름기나 불순물은 걷어 내고 체에 걸러 주면 깊은 맛을 내는 일등 고기육수가 만들어진답니다.

■ 육수 만들기

멸치다시마국물 만들기

대표재료
국멸치(5마리), 다시마(5cm 1장), 물(5컵)

1. 다시마 표면의 이물질을 젖은 행주로 닦아 물에 담가 불리고,

2. 국멸치는 배를 갈라 내장을 빼고 마른 팬에 볶아서,

3. 다시마물에 국멸치를 넣고 끓이다가 기포가 생기면 다시마는 건지고 멸치는 5분 정도 더 끓이면 완성.

조개국물 만들기

대표재료
바지락이나 모시조개(1줌), 다시마(5cm 1장), 물(7컵)
향신재료
마늘(2개), 청주(2)

1. 바지락이나 모시조개는 묽은 소금물에 담가 3~4시간 해감해서 깨끗이 씻어 주고,

2. 찬물에 모든 재료를 넣고 조개 입이 벌어질 때까지 끓여서,

3. 고운체나 면보에 거르거나 해감을 가라 앉혀 가만히 따라 내면 완성.

쇠고기진육수 만들기

대표재료
쇠고기(사태나 양지머리 1줌), 물(10컵)
향신재료
대파(1대), 마늘(3개)

1. 찬물에 쇠고기를 담가 핏물을 빼고,

2. 쇠고기, 대파, 마늘을 넣고 센 불에서 끓이다가 불을 줄여 은근히 삶아,

3. 불순물을 걷어 내고 고기와 대파, 마늘을 건지면 완성.

스페셜 육수 만들기

대표재료
다시마와 표고버섯 불린 물(10컵), 국멸치(10마리), 마른 고추(1개), 무(1토막), 마늘(3쪽), 대파(1/2대), 양파(1/2개), 통후추(5개), 물(10컵)

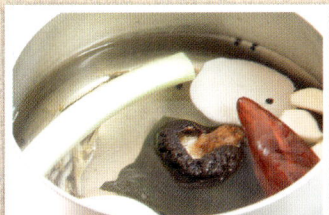
1. 다시마와 표고버섯 불린 물에 모든 재료를 넣고 끓이다가,

2. 끓기 시작할 때 다시마는 건지고 20분 정도 푹 우려.

3. 나머지 재료를 체에 걸러 내면 완성. 해물탕이나 각종 찌개에 이용하세요.

내 요리에 근사한 마침표
양념장, 소스, 드레싱 만들기

훌륭한 요리의 근사한 마침표는 함께 내는 양념장이나 소스와 드레싱에 있어요. 양념장이나 소스와 드레싱은 원재료의 맛을 더욱 깊이 있게 살려 주고 환상의 조화를 이루어 정성스레 만든 나의 작품을 더욱 빛나게 해 주지요. 대표적인 몇 가지만 알고 있으면 센스 있게 하는 마무리 문제 없어요.

■ 찍어 먹는 양념장

초고추장
재료 고추장(4), 설탕(2), 식초(2), 오렌지주스(2), 생강가루(약간)
활용 회덮밥, 해물숙회, 다시마나 물미역을 찍어 먹는 데 곁들이세요.

초간장
재료 간장(2), 식초(1), 레몬즙(1), 설탕(1), 물(2)
활용 전이나 튀김에 곁들이면 산뜻한 맛을 주지요.

양념간장
재료 간장(3), 다진 파(1), 다진 마늘(1/2), 고춧가루(1/2), 다진 고추(2), 양파즙(1/2), 설탕(1/3), 깨소금(1/3), 참기름(1/2)
활용 콩나물밥, 해물파전, 두부구이 등에 곁들이세요.

■ 쌈을 싸거나 비벼 먹는 쌈장

볶음고추장
재료 다진 쇠고기(1/2줌), 꿀(1), 고추장(5), 물(5), 참기름(1)
쇠고기양념 간장(1/2), 설탕(1/2), 다진 파(1/2), 다진 마늘(1/3), 참기름, 깨소금
만들기 다진 쇠고기에 쇠고기양념을 해서 볶다가 고추장과 물을 넣고 볶아 꿀, 참기름을 넣으면 완성.
활용 다양한 쌈에 곁들이거나 비빔밥이나 반찬으로도 좋아요.

된장쌈장
재료 된장(4), 고추장(1), 고춧가루(1), 참기름(1), 다진 마늘(1), 다진 고추(1), 다진 양파(1), 꿀(1/2), 깨소금(1)
만들기 모든 재료를 넣고 고루 섞어 주면 완성.
활용 고기와 먹는 쌈이나 된장찌개를 끓여도 맛있어요.

참치쌈장
재료 참치통조림(작은 캔 1개), 고추장(3), 고춧가루(1/2), 다진 마늘(1/2), 다진 파(1), 설탕(1/2), 깨소금(1/2), 참기름(1)
만들기 참기름 두른 팬에 다진 양파와 마늘을 볶아 향을 내고, 기름기 뺀 참치와 다른 재료들도 넣고 볶아 주면 완성.
활용 각종 야채 쌈이나 도시락반찬, 밑반찬으로도 좋아요.

■ 곁들이는 소스

겨자소스
재료 연겨자(1/2), 물(2), 식초(2), 설탕(1), 레몬즙(1), 다진 마늘(1/3), 소금
활용 해물이나 고기 냉채에 곁들이세요.

참깨소스
재료 곱게 간 참깨(2), 마요네즈(3), 간장(1/2), 꿀(1/2)
활용 스틱샐러드를 찍어 먹거나 돈가스와 곁들이는 양배추샐러드에 좋아요.

허니머스터드소스
재료 머스터드소스(2), 꿀(1), 마요네즈(2), 소금
활용 치킨샐러드나 새우튀김, 생선크로켓에 잘 어울려요.

■ 얹어 내는 드레싱

타르타르소스
재료 삶은 계란(1/4개), 마요네즈(5), 다진 양파(1), 다진 오이피클(1), 피클국물(1), 레몬즙(1), 소금, 후춧가루
활용 양배추샐러드나 생선가스, 튀김에 곁들이세요. 삶은 계란을 으깨거나 블랜더에 함께 갈아 주세요.

키위드레싱
재료 키위(1개), 과일식초(1/2), 설탕(1/2), 과일주스(4), 마요네즈(1), 소금
활용 과일이나 야채 샐러드에 상큼하며, 마요네즈를 뺀 나머지 재료는 믹서에 갈고 마요네즈는 나중에 섞어요.

플레인요구르트드레싱
재료 플레인요구르트(5), 식초(1), 레몬즙(1), 양파즙(1), 설탕(1/2), 소금
활용 과일이나 야채 샐러드에 좋으며, 사우전아일랜드드레싱에 플레인요구르트, 설탕, 소금을 넣어도 맛있어요.

크림드레싱
재료 마요네즈(4), 식초(1), 레몬즙(1), 설탕(1/3), 소금, 후춧가루
활용 패스트푸드점의 콜슬로의 드레싱으로 옥수수샐러드에 잘 어울리며 미리 만들어 차게 준비하세요.

사우전아일랜드드레싱
재료 마요네즈(4), 케첩(2), 레몬즙(1), 다진 오이피클(1), 다진 양파(2), 소금, 후춧가루
활용 마요네즈와 케첩을 넣는 기본 드레싱으로 각종 야채나 달걀샐러드에 특히 좋아요.

프렌치드레싱
재료 올리브유(3), 식초(1), 레몬즙(1), 설탕(1/3), 다진 마늘(1/3), 소금, 후춧가루
활용 모든 야채드레싱에 사용하는 기본 드레싱으로 채소, 버섯, 해물 샐러드나 토마토에 특히 잘 어울려요.

Part 02

소박한 비타민덩어리
야채반찬

감자, 호박, 오이, 버섯, 가지,… 먹고 살기 좋아지면서 더욱 대접받고 있는 것이 바로 야채들이지요. 그 이름이나 생김새는 소박하지만 우리 몸이 원하는 싱싱한 비타민이 가득하니까요.
'오늘은 이렇게 볶고, 내일은 저렇게 무치고,…' 다양한 조리법으로 맛있고 싱싱한 야채반찬 열심히 올리다 보면 '큰 바위 얼굴'을 닮아 가던 어니스트처럼 우리 가족 얼굴도 싱싱한 야채를 닮아 갈 거예요.

불고기맛 나는~
새송이양념구이

쫄깃쫄깃 씹히는 맛이 너무 좋은 새송이버섯에 고기 재우는 불고기양념 만들어 구웠어요. 휴게소에서 파는 호두모양의 호두과자가 100% 호두는 아니지만 간혹 씹히는 호두가 반갑고 고소해 사랑받는 것처럼 새송이버섯도 불고기양념 옷 입고 불고기맛 별미반찬으로 우리 식탁에서 사랑받게 될 것 같아요.

 **재료 준비하기**

대표재료 새송이버섯(2개), 식용유
기름장 참기름(1), 간장(1/3)
불고기양념장 간장(2), 배(갈아서 2), 양파(갈아서 2), 다진 파(1/2), 다진 마늘(1/3), 설탕(1/3), 참기름(1/3), 깨소금(1/2), 후춧가루

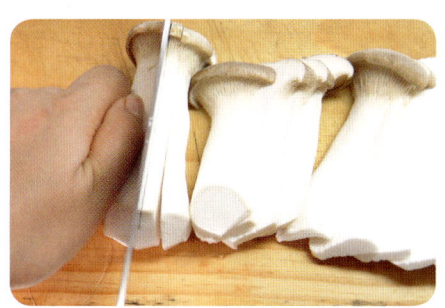
❶ 새송이버섯은 모양을 살려 얄팍하게 저며 썰고,

참기름과 간장을 3:1 비율로 기름장 만들어 밑간을 해 주면 더욱 쫄깃하고 담백하답니다.
❷ 기름장 만들어서 새송이버섯에 발라 재워 두고,

이 과정을 애벌구이 또는 유장처리한다고 하는데 이렇게 하면 양념이 잘 배지요.
❸ 식용유 두른 팬에 기름장 바른 새송이버섯을 살짝 구워서,

❹ 불고기양념장 만들어 애벌구이한 새송이버섯에 고루 발라 잠시 재워 두었다가,

❺ 다시 한번 살짝 구워 내면 완성.

요리 하나 더

반짝반짝~ 새송이버섯조림

재료 새송이버섯(3개), 꽈리고추(7개), 마늘(5개)
양념 간장(2), 설탕(1), 물(2컵)

1 새송이버섯은 편으로 썰어 물(3컵) 붓고 끓여 주고,

2 마늘과 양념 넣어 끓이다가, 꽈리고추 넣고 중불에서 서서히 조려 주면 완성.

똑소리 나는 버섯반찬
느타리버섯볶음

쫄깃함과 담백함의 결정체인 버섯으로
맛있는 즉석반찬 만들어 볼까요?
버섯 고유의 향을 살려 볶다가
참기름과 깨소금에 무쳐 내거나, 청경채와
고춧가루 넣어 매콤하게 볶아 주세요.
맛도 영양도 그냥~ 똑소리 난답니다.

재료 준비하기

대표재료 느타리버섯(2줌), 푸른 피망(1/2개), 붉은 피망(1/2개), 양파(1/4개), 식용유(2)
볶음양념 다진 파(1), 다진 마늘(1/2)
무침양념 참기름(1/2), 깨소금(1/2), 설탕(1/4), 소금

❶ 피망과 양파는 채 썰어 준비하고,

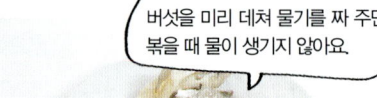
버섯을 미리 데쳐 물기를 짜 주면 볶을 때 물이 생기지 않아요.

❷ 느타리버섯은 끓는 물에 살짝 데쳐 찬물에 헹궈 물기 짜서 먹기 좋게 결결이 찢어,

요리 하나 더

매콤하고 깔끔한 맛~
느타리청경채볶음

재료 느타리버섯(2줌), 청경채(2포기), 붉은 고추(1/2개)
매콤양념 고춧가루(1/2), 다진 파(1), 다진 마늘(1/2), 참기름(1/3), 깨소금(1/3), 소금

❸ 달군 팬에 식용유 두르고 **볶음양념**과 느타리버섯 넣고 볶아 식혀 주고,

번거롭지만 따로 볶아서 무쳐 주면 맛도, 빛깔도 깔끔하고 정갈해진답니다.

❹ 피망과 양파도 볶아 볼에 담고, 식혀 둔 버섯에 **무침양념** 넣고 고루 무쳐 내면 완성.

보랏빛 향기~
가지볶음

그대 모습은 보랏빛처럼~♪ 가지요리를
할 때마다 흥얼거려지는 노래예요.
고운 보랏빛이 입맛 돋게 하는 가지에
콧노래 양념 섞어 가며 지지고 볶아요.

재료 준비하기

대표재료 가지(2개), 붉은 고추(1개), 실파(약간)
양념장 간장(2), 설탕(1/2), 다진 마늘(1/2), 물(3), 참기름

요리 하나 더

**술술 넘어가는~
가지찜**

재료 가지(2개)
양념 국간장(1), 고춧가루(1/2), 다진 마늘(1/2),
다진 파(1), 소금, 참기름, 깨소금

1 씻은 가지를 반 갈라 김 오른 찜통에 5분간 쪄
서 길게 찢어 물기를 꼭 짜주고,

2 양념에 조물조물 무쳐 주면 완성.

고추는 반 갈라 씨를 도려 내고
가위로 가늘게 썰어 주면 채썰
기가 편하고 예뻐요.

❶ 가지는 반 갈라 어슷 썰고, 고추는 채 썰고, 실파는 3cm 길이로 썰어 준비하고,

❷ 가지와 **양념장** 넣어 볶다가,

❸ 준비한 실파와 고추 넣고 센 불에서 볶아 내면 완성.

부끄부끄 빠알간
감자볶음

민망하거나 부끄러운 상황에
금새 볼이 빨개져서 그게 더 부끄러웠던
생각을 하다 보니 어느새 얼굴이
또 빠알개졌네요. -.-;; 이거 참,
나이가 몇 갠데 아직 소녀란 말인가……
여자는 평생 소녀로 사는 것 같아요.

 재료 준비하기

대표재료 감자(2개), 양파(1/2개), 대파(1대), 굵은 소금(약간), 식용유(1)
양념 고춧가루(1/2), 고추장(1/2), 간장(1), 다진 마늘(1/2), 들기름(1), 깨소금

감자를 물에 담가 두면 전분기가 빠져 볶을 때 들러붙지 않고, 소금을 조금 넣어 주면 부서지지 않고 탄력이 생긴답니다.

❶ 반달모양으로 썬 감자는 소금물에 담가 전분기를 빼고, 양파와 대파도 준비하고,

❷ 감자와 식용유(1), 간장(1), 다진 마늘(1/2) 넣어 볶다가,

❸ 물(3), 고춧가루(1/2), 고추장(1/2) 넣어 빨갛게 물들이고, 양파와 대파도 볶아 들기름(1), 깨소금 넣으면 완성.

요리 하나 더

향이 좋은~
감자채카레볶음

재료 감자(2개), 양파(1/2개), 풋고추(1개), 붉은 고추(1개), 식용유(1)
양념 카레가루(1), 소금

1 채 썬 감자를 소금물에 담갔다가 식용유 두른 팬에 채 썬 양파와 고추 넣고 볶다가,

2 양념 넣고 볶아 내면 완성.

빨강, 파랑 액세서리로 멋을 낸~
감자애호박전

비 내리는 날, 고소한 감자를 곱게 갈아 애호박채 섞어 너무 크지도 작지도 않게 부쳐서 식탁에 올려 보세요. 빨강, 파랑 고추로 액세서리 만들어 힘 좀 줬더니 식탁에 둘러앉은 우리 가족 더욱 군침 도나 봐요. 꿀꺽~

재료 준비하기

대표재료 감자(3개), 애호박(1/4개), 양파(1/2개), 풋고추(1개), 붉은 고추(1개), 식용유
반죽재료 부침가루(4), 소금(1/2)
양념간장 간장(3), 설탕(1/3), 고춧가루(1/3), 물(1)

요리 하나 더

**오도독오도독~
팽이버섯전**

재료 팽이버섯(1봉지), 계란(1개), 푸른 피망, 붉은 피망(약간씩), 식용유
양념 소금, 후춧가루

1 팽이버섯은 밑동을 잘라 씻어 주고,

2 팽이버섯과 피망을 잘게 썰어 계란물에 양념 넣어 노릇노릇 지져 주면 완성.

❶ 껍질 벗긴 감자는 물에 담가 전분기 빼고, 애호박과 양파는 가늘게 채 썰고, 고추도 준비하고,

❷ 감자를 강판에 갈아서,

❸ 반죽재료와 준비한 야채 넣고 고루 섞어서,

한김 식힌 후 그릇에 담아 내면 눅눅하지 않고 모양도 예쁩니다.

❹ 달군 팬에 식용유 두르고 먹기 좋은 크기로 노릇노릇 구워 **양념간장** 곁들이면 완성.

정성이 듬뿍~
더덕구이

방망이로 자근자근 두드리고 밀어 정성스레 손질해서 구운 더덕구이가 식탁에 올라가면
쏟은 정성만큼이나 대접받는 반찬이에요.
특별한 날이나 손님상 요리로도 손색이 없으니 손님상 리스트에 올려 보세요.

 **재료 준비하기**

대표재료 더덕(3개), 송송 썬 실파(2), 깨, 식용유
기름장 참기름(1), 간장(1/3)
양념장 고추장(2), 고춧가루(1/2), 다진 파(1/2), 다진 마늘(1/3), 간장(1), 설탕(1), 참기름, 깨

끈끈한 진액이 나오니 더덕을 손질할 때에는 반드시 비닐장갑을 끼고 하세요.

❶ 더덕은 필러나 칼로 껍질 벗겨,

❷ 길게 2~3개로 쪼개서 소금물에 담가 떫은 맛을 빼고,

❸ 방망이로 두드리거나 밀어 부드럽게 펴서,

❹ 기름장 만들어서 앞뒤로 발라,

❺ 식용유 두른 팬에 살짝 구워서,

❻ 양념장 발라 다시 한번 구워 송송 썬 실파와 깨 뿌려 내면 완성.

요리 하나 더

더덕향을 그대로~
더덕오이생채

재료 더덕(2개), 오이(1개)
양념 식초(1/2), 설탕(1/2), 고춧가루(1), 다진 파(1), 다진 마늘(1/2), 소금, 깨

1 손질한 더덕은 먹기 좋게 찢고, 오이는 반 갈라 어슷 썰어,

2 양념에 조물조물 무쳐 내면 완성.

빠르게 간편하게 맛있게~
애호박양념구이

손녀딸들 왔는데 찬거리 없어서 어쩌누 종일 걱정하시더니… 시골집 처마 타고 올라간 애호박 몇 개 따서 얄팍얄팍 썰어 지글지글 구워 양념 얹어 뚝딱하고 만들어 주시던 할머니의 애호박양념구이.
애호박 요리법은 너무나 다양하지만 간편하면서도 순수한 풍미를 주는 애호박양념구이가 단연 최고인 것 같아요.

 재료 준비하기

대표재료 애호박(1개), 식용유
양념장 간장(3), 설탕(1), 다진 마늘(1/2), 풋고추(1/2개), 붉은 고추(1/2개), 참기름

❶ 애호박은 모양을 살려 동글동글 썰어 주고 양념에 쓸 고추는 잘게 다져 준비하고,

❷ 애호박은 식용유 두른 팬에 노릇노릇 구워,

❸ 양념장 만들어서 구운 애호박에 얹어 내면 완성.

요리 하나 더

순박한~
애호박나물

재료 애호박(1개), 굵은 소금(1), 식용유(2), 물(3)
양념 다진 새우젓(1/2), 다진 파(1/2), 다진 마늘(1/3), 참기름(1/2), 깨소금, 실고추

1 애호박을 반 갈라 반달썰기해서 굵은 소금(1) 뿌려 절여 두었다가,

2 물기 짠 애호박을 식용유 두른 팬에 양념 넣어 볶아,

3 물(3) 넣고 뚜껑 덮어 뜸 들여서 실고추 얹어 내면 완성.

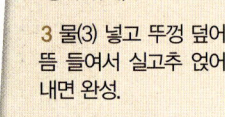

든든한 친구 만난~
오이생채

안 그래도 상큼한 오이에 생기를 더해 주는 생채요리는 오이를 더욱 빛나게 해 주지요. 서로를 위하고 아껴 주는 친구와 함께 있으면 더욱 든든하고 힘이 나는 것처럼요.^^

재료 준비하기

대표재료 오이(1개), 부추(1/2줌)
양념장 식초(1/3), 고춧가루(1), 다진 마늘(1/3), 설탕(1/3), 참기름, 깨소금
소금물 물(3), 소금(1/3)

> 소금을 그냥 뿌려 놓으면 골고루 절여지지 않고 시간도 오래 걸리니 소금물을 이용하면 아주 효율적이지요.

❶ 굵은 소금에 깨끗이 비벼 씻은 오이를 반 갈라 어슷 썰어 **소금물**에 절이고,

❷ 오이가 부드러워지면 물기를 꼭 짜서,

❸ 4cm로 썬 부추와 **양념장** 넣고 버무려 내면 완성.

요리 하나 더

송송 썰어~
오이송송이

재료 오이(1개), 양파(1/2개), 깨, 굵은 소금
소금물 물(3), 소금(1/3)
양념장 고춧가루(1), 고추장(1/3), 설탕(1/3), 다진 파(1/2), 다진 마늘(1/3), 소금

1 오이를 3cm 길이로 잘라 손가락 굵기로 썰어서 소금물에 절이고,

2 물기 없앤 오이와 양파에 양념장 넣어 버무려 깨 뿌려 주면 완성.

해피타임을 약속하는~
브로콜리떡볶음

웰빙식품 브로콜리에 다진 쇠고기와 쫄깃한 가래떡 넣어 새맛 나는 볶음반찬 만들어 보아요.
엄마가 좋아하는 아삭아삭 브로콜리에 아빠가 좋아하는 깊은 맛 내 주는 쇠고기와
아이들이 좋아하는 쫄깃쫄깃 떡볶이가 우리 가족 해피타임을 약속하죠.

재료 준비하기

대표재료 브로콜리(1송이), 다진 쇠고기(1줌), 떡(1줌), 붉은 고추(1개)
양념 간장(2), 청주(1), 물엿(1), 다진 파(1/2), 다진 마늘(1/3), 소금, 후춧가루, 참기름(약간씩)
소금물 물(1/3컵), 굵은 소금(1/3)

떡볶이 떡이나 떡국 떡을 미리 물에 불려 주면 시간도 단축되고 부드러워요.

❶ 브로콜리의 가닥을 떼어 먹기 좋게 썰고, 붉은 고추는 채 썰고, 떡은 불려 주고,

끓는 소금물에 데쳐 내는 것이 정석이지만 이렇게 편법을 써도 좋아요^^

❷ 팬에 브로콜리와 **소금물** 넣어 뚜껑 덮어 파랗게 살짝 데쳐서,

❸ 참기름 두르고 다진 마늘(1/3), 다진 파(1/2), 붉은 고추 넣고 볶다가,

❹ 향이 나면 다진 쇠고기 넣어 보슬보슬 하게 볶으면서 청주(1) 뿌려 날려 주고,

떡이 덜 익었거나 너무 뻑뻑하면 물을 조금 넣어 떡이 부드러워질 때까지 볶아 주세요.

❺ 브로콜리와 떡 넣고 간장(1), 물엿(1), 소금, 후춧가루로 간 하고 깨 뿌리면 완성.

요리조리 이야기

내 몸을 맑고 깨끗하게 하는~ 브로콜리

브로콜리는 채소 중 꽃을 먹는 몇 안 되는 식품의 하나로, 양배추 사촌쯤 되면서도 전혀 다른 모양을 하고 있지요. 예전에는 브로콜리를 그냥 장식으로 많이 사용했었는데 최근 웰빙식품으로 각광받기 시작하면서 대량 재배가 이루어지고 있어요. 사실 알고 보면 브로콜리가 짜짜배기 영양덩어리거든요. 브로콜리에는 철분이 많아 여성들의 빈혈 예방에도 으뜸일 뿐만 아니라, 비타민 C, E가 풍부해서 몸에 생기를 주고 피부를 탄력 있게 해 주며, 또한 섬유질은 장 속의 독소를 제거해 준답니다.

Part 03

언제나 정겨운
나물반찬

나날이 먹거리도 풍성하고 다양해지지만 어머니께서 조물조물 무쳐 주시던 정겨운 그 맛을 잊을 수 없어 찾아간 재래시장. 물음표만 잔뜩 띄우고 다니는 호기심천국 성가신 우리자매에게 나물 이름 하나하나 얘기해 주시면서 이렇게 저렇게 무쳐 먹으라고 일러 주시던 시장 할머니들에게서 한 가지씩 배웠습니다. 연륜이 듬뿍 밴 손으로 무쳐내는 그 맛을 아직은 따라갈 길 없지만 정성 담고 나름의 손맛까지 더하면 언제나 정겨운 우리들 마음의 고향 같은 나물반찬 만들 수 있겠지요.

먹어 본 사람은 그 맛을 아는~
고구마순나물

한겨울에는 군고구마가 우리에게 즐거움을 주지만, 고구마를 수확하는 가을 재래시장에는 고구마순나물이 한창이에요. 퇴근길에, 할머니의 정까지 담아서인지 한 봉지 가득 차는 고구마순을 사서 만든 나물반찬, 얼마나 맛있는지 먹어 본 사람은 다 알거예요. 막 지어 김이 오르는 밥에 고구마순을 올려 먹는 그 맛을…….

 **재료 준비하기**

대표재료 고구마순(4줌), 다진 마늘(1/2), 다진파(1), 식용유(2), 굵은 소금(약간)
양념장 고추장(1), 고춧가루(1/2), 간장(1/2), 설탕(1/2), 깨소금, 참기름

껍질을 벗길 때에는 가는 쪽 끝을 꺾어서 굵은 쪽으로 쭉 내려 주면 돼요.

❶ 고구마순은 소금물에 담갔다가 껍질을 벗겨 내고,

❷ 끓는 물에 굵은 소금 넣고 데쳐서,

데친 다음 재빨리 찬물에 담가 주어야 푸른색이 선명하게 산답니다.

❸ 찬물에 식혀 건져서 물기 꼭 짜고,

❹ 식용유 두른 팬에 다진 파(1)와 다진 마늘(1/2) 넣고 향을 내서,

❺ 고구마순 넣어 달달 볶다가,

양념을 넣은 뒤에는 재빨리 볶아야 양념이 타지 않고 고구마순도 아삭거린답니다.

❻ **양념장** 만들어 넣고 재빨리 볶아 부족한 간은 소금으로 맞춰 주면 완성.

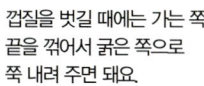 **요리 하나 더**

순수한 맛~ 고구마순들깨볶음

재료 고구마순(4줌), 굵은 소금, 들기름
양념 다진 마늘(1/2), 다진 파(1), 들깨가루(1), 국간장(1), 설탕(1/3), 소금

1 끓는 소금물에 데쳐 찬물에 헹궈 식혀서,

2 들기름 두른 팬에 데친 고구마순과 양념 넣어 볶아 내면 완성.

가명을 가진
숙주나물

콩에서 싹을 틔운 건 콩나물.
그렇다면 녹두에서 싹을 틔운 건
녹두나물이라고 해야 하는데 빨리 쉬는
특성 때문에 변절로 유명한 신숙주의
이름을 따서 숙주나물이라 부르게 되었대요.
덕분에 녹두는 연예인처럼
멋진 가명을 가졌네요.^^

 재료 준비하기

대표재료 숙주(5줌), 굵은 소금, 소금(1/2)
양념 다진 파(1), 다진 마늘(1/2), 참기름(1), 깨소금(1)

❶ 끓는 물에 굵은 소금 조금 넣고 3분 정도 삶아,

❷ 체에 담아 한김 식혀서,

💬 소금에 잠시 절여 두면 간도 배고, 무치고 나서 물도 많이 생기지 않아요.

❸ 소금(1/2) 넣고 5분쯤 두었다 물기 짜서 **양념**에 무쳐 내면 완성.

요리 하나 더

무난한 우리네 반찬
콩나물무침

재료 콩나물(2줌), 당근, 실파, 굵은 소금
양념 간장(1/2), 다진 마늘(1/3), 소금, 참기름

1 당근은 채 썰어 끓는 물에 살짝 데치고, 실파도 연한 소금물에 데쳐 준비하고,

2 콩나물은 소금 조금 넣고 삶아 찬물에 헹궈 물기 빼고,

3 콩나물, 당근, 실파에 양념 넣어 살살 무치면 완성.

4 고춧가루(1)를 넣으면 매운 콩나물무침이 되지요.

독특한 매력의 이유~
도라지나물

버스를 타고 지나는 시골길 풍경 중에 한여름이면 만나게 되는 환상적인 꽃밭이 있답니다. 보라색과 하얀색이 멋지게 어우러져 물결치는 도라지 밭인데요. 누구나 그 광경을 보면 와~ 하는 탄성이 절로 나올 거예요. 도라지를 씹으면 입안 가득 퍼지는 향기가 바로 도라지나물만이 갖는 독특한 매력이었음을 이제야 알겠네요.

재료 준비하기
대표재료 도라지(2줌), 식용유(2), 굵은 소금
양념 다진 마늘(1/2), 소금(1/3)

요리 하나 더

씹히는 맛이 좋은~
오이도라지무침

재료 도라지(3줌), 오이, 굵은 소금
양념 식초(1), 고추장(1), 고춧가루(1/2), 물엿(1), 간장(1/2), 소금, 참기름, 깨

1 도라지는 굵은 소금 넣고 바락바락 문질러 씻어서 쓴 맛을 빼고 찬물에 헹궈 두고, 오이는 소금물에 절여 두었다가,

2 도라지와 오이의 물기를 꼭 짜서 양념장 만들어 무쳐 내면 완성.

❶ 굵은 도라지는 한두 번 가르고 긴 것은 반 잘라 준비하고,

 조금 투명해질 때까지 삶아 주세요.

❷ 끓는 물에 굵은 소금 넣고 도라지 넣어 3분 정도 삶아 찬물에 헹궈 물기 빼고,

❸ 식용유 두른 팬에 다진 마늘(1/2) 볶아 향을 내고,

❹ 도라지와 소금(1/3) 넣어 간이 배게 약한 불에서 5분 정도 볶아 주면 완성.

마음껏 무치자~
비름나물무침

재래시장에서 소쿠리에 수북이 담아 파는 다양한 나물들... 저건 어떻게 먹는 걸까? 궁금증만 가득 안고 눈에 익숙한 오이랑 가지 몇 개 사 왔었는데 막상 할머니가 건네 주는 나물을 참기름에, 된장에, 쌈장에, 고추장에 무쳐보니 이젠 없어서 못 먹겠네요.^^

 재료 준비하기

대표재료 비름나물(3줌)
양념 다진 마늘(1/2), 다진 파(1), 쌈장(1), 고춧가루(1/2), 참기름(1/2), 깨소금

❶ 비름나물의 딱딱한 줄기는 잘라 내고 다듬어서 깨끗이 씻어 준비하고,

❷ 끓는 물에 굵은 소금 조금 넣어 파랗게 데쳐서,

> 물기를 너무 꽉 짜면 나물이 질겨지니 주의하세요.

❸ 찬물에 헹궈 물기 짜고,

❹ 양념에 조물조물 무쳐 내면 완성.

요리조리 이야기

약으로도 쓰는 비름

비름은 가까운 풀밭이나 밭두렁에서 흔히 볼 수 있는 나물이에요. 그래서 채취도 쉽고 맛 또한 쓴맛이 없고 담백해서 예부터 사랑받아 온 식용 나물이랍니다.
비름의 어린 순을 따서 국을 끓이거나 나물로 무쳐 먹으면 비타민은 물론 해열과 해독 작용으로 종기와 같은 상처를 쉽게 아물게 해 주는 효과가 있다고 해요. 과거에는 생잎을 찧어 뱀이나 벌레 물린 곳에 발랐다고 해요.

이름처럼 순하고 부드러운~
깻잎순나물

깻잎순은 깻잎과 맛이나 향의 차이는 별로 없지만 어린잎이라 이름처럼 순하고 부드러워요. 우리도 새싹이나 희망으로 불리던 어린 시절이 있었는데… 어느새 어른의 눈으로 보는 각박하고 힘든 세상을 살고 있지만 해맑고 꾸밈없었던 아이의 웃음만은 기억하며 살아요.

 재료 준비하기

대표재료 깻잎순(4줌), 붉은 고추(1/2개), 굵은 소금(1/2), 들기름(1), 물(3)
양념 간장(1), 설탕(1/3), 다진 파(1), 다진 마늘(1/2)

요리조리 이야기

한국의 허브 깻잎

깻잎은 들깻잎으로 우리나라를 대표하는 허브라고 할 수 있어요.
독특한 향과 맛으로 쌈이나 부침, 찌개, 나물 등으로 널리 쓰이지요. 특히 돼지고기와는 궁합도 잘 맞아서 육류에 없는 비타민과 칼슘 섭취를 도와 주니 맛도 영양도 일품이지요.

❶ 깻잎순은 억센 줄기와 누런 잎을 다듬어 끓는 물에 굵은 소금 넣어 살짝 데치고,

❷ 찬물에 헹궈 물기 짜서 **양념** 넣고 버무려,

❸ 들기름(1)에 채 썬 붉은 고추와 양념한 깻잎 넣고 볶다가 물(3) 넣고 부드럽게 볶아 내면 완성.

한식집 반찬 따라잡기~
고사리들깨즙볶음

한식집에 가면 정갈하게 나오는 반찬 중에 독특하고 맛있어서 꼭 한 번 흉내내고 싶었던 반찬이에요. 그 맛을 기억하기 위해 여러 번 리필을 했었죠. 음... 고사리에서 들깨 향기가 가득 했고, 걸쭉한 들깨국물에서 건져 먹는 부드러운 고사리~
바로 이 맛이에요.

 재료 준비하기

대표재료 고사리(불린 것 2줌), 들기름(2), 소금
들깨즙 물(2/3컵), 들깨가루(3)
양념 간장(1), 다진 파(1), 다진 마늘(1/2), 깨소금, 후춧가루

❶ 불린 고사리는 억센 줄기 자르고 손질해서,

❷ 끓는 물에 살짝 데쳐 찬물에 헹궈 물기 짜고,

❸ 먹기 좋게 잘라 **양념**해서 팬에 들기름(2) 두르고 고사리 넣어 볶다가,

❹ 들깨즙 넣고 끓인 후 소금 간 하면 완성.

요리 하나 더

비빔밥에 꼭 들어가는
고사리나물

재료 고사리(불린 것 2줌), 식용유, 깨
양념 다진 마늘(1/2), 다진 파(1), 들기름(1), 간장(1)

1 먹기 좋게 잘라 양념한 고사리를 식용유 두른 팬에 볶아서,

2 소금 간 하고 깨 뿌리면 완성.

눈과 입을 즐겁게~
취나물볶음

봄에 참취에서 나는 보드라운 순으로 취나물을 만드는데요. 채취한 취를 끓는 물에 데쳐 말려서 일년 내내 즐겨 먹지요. 참취는 다 자라면 높이가 1미터나 되고 국화과에 속하는 식물이라 가을이면 국화꽃 닮은 꽃을 피운답니다. 봄에는 우리의 입을 즐겁게, 가을에는 우리의 눈을 즐겁게 해주는 참취. 참 예쁘고 소중한 우리 풀이지요.

재료 준비하기

대표재료 말린 취나물(2줌), 들기름(2), 물(1/2컵)
양념 국간장(2), 들깨가루(2), 다진 파(1/2), 다진 마늘(1/3), 들기름(1)

요리조리 이야기

요리 전 밑손질 하기

물에 담갔다 사용하는 재료 말린 나물 부드럽게 불리기, 더덕의 아린 맛 우려내기, 콩이나 팥 부드럽게 불려 주기, 감자의 전분기 빼 주기

애벌삶기 하는 재료 무청시래기 냄새 제거하기, 죽순은 쌀뜨물에 삶아 떫은 맛 없애기, 볶음요리 버섯 데쳐서 물기 짜기

소금 뿌려 문질러 사용하는 재료 오이 씻기, 도라지 쓴 맛 제거하기

식초 물에 담갔다 사용하는 재료 연근의 떫은 맛 빼고 갈변 방지, 양송이에 레몬즙 역시 갈변 방지

❶ 말린 취나물에 미지근한 물 부어 20분 정도 불려서,

❷ 끓는 물에 10분 정도 삶아 찬물에 담가 쓴 맛을 우려내어 물기 꼭 짜서,

뚜껑을 덮은 후에는 은근한 불에서 서서히 익혀 주세요.

❸ 들기름(2) 두른 팬에 취나물과 **양념** 넣어 볶다가 물(1/2컵) 붓고 뚜껑 덮어 국물이 촉촉할 때 불 끄면 완성.

나물반찬 백점받기
시금치무침

나물을 데쳐서 무치는 것을 숙채라고 해요. 숙채나물인 시금치를 살짝 데쳐서 모양 살리고 초록빛도 선명하게 해 주면 90점! 양념이 고루 배도록 조물 조물 정성들여 손맛까지 더하면 100점이 되지요.

 재료 준비하기

대표재료 시금치(1단), 굵은 소금
매콤양념 고추장(2), 설탕(1/3), 다진 파(1), 다진 마늘(1/2), 깨소금, 참기름

보랏빛 밑동은 조금만 자르고, 굵은 포기는 열십자로 칼집 넣어 갈라 주세요.

❶ 시금치는 시든 잎 떼어 내고 다듬어서 끓는 물에 굵은 소금 넣어 살짝 데쳐서,

❷ 찬물에서 열기 식혀서 물기 짜 주고,

❸ 매콤양념 넣어 조물조물 무쳐 주면 완성.

요리 하나 더

고소하고 구수한~
시금치무침

재료 시금치(1단), 굵은 소금
고소한 양념 다진 마늘(1/3), 소금(1/3), 참기름(1), 깨소금
구수한 양념 쌈장(1), 다진 파(1/2), 다진 마늘(1/3), 참기름(1/2), 깨소금

양념에 따라 다양한 시금치 반찬이 만들어져요.

너무나 왕성한 소화력~
무생채나물

무는 다른 야채와 어우러져 맛과 소화를 도울 뿐만 아니라, 혼자서도 훌륭한 요리가 되는 기특한 녀석이죠. 하지만 이 좋은 무가 보약 먹을 때 금지되는 것은 무의 왕성한 소화력 때문에 보약까지 소화를 시켜 약효를 떨어뜨리기 때문이라네요.

재료 준비하기

대표재료 무(1/4개), 쪽파(1/2줌), 참기름, 소금
양념장 고춧가루(1과1/2), 물(2), 다진 마늘(1/3), 식초(1/2), 간장(1/2), 설탕(1/2), 생강가루(1/3), 깨

요리 하나 더

**부드러운~
무나물**

재료 무(1/4개), 물(1/3컵), 식용유(1)
양념 다진 마늘(1/3), 소금(1/3), 들기름(1)

1 냄비에 식용유(1) 두르고 채 썬 무 넣어 볶다가,
2 양념 넣고 물(1/3컵) 부어 뚜껑 덮어 은근히 끓여 익혀서,
3 들기름(1) 넣고 볶다가 마지막에 센 불에서 수분 날려 주면 완성.

❶ 무는 곱게 채 썰고, 쪽파는 3cm 길이로 썰고,

❷ 양념장은 미리 만들어서 고춧가루를 불려 주고,

❸ 양념장에 채 썬 무 넣고 물들이고 쪽파 넣고 버무려 소금 간 맞추면 완성.

구수한 고향생각~
무청시래기나물

가을에 수확한 무를 저장하고
남은 무청을 새끼줄에 꼬아 매달아서
고향냄새 가득 배게 말려 자식들에게
골고루 나눠 주시던 우리네 할머니.
시래기를 먹으면 구수한 고향생각이 나는
이유 여기에 있나 봅니다.

재료 준비하기

대표재료 무청시래기(2줌), 식용유, 소금, 깨, 물(1/2컵)
양념 간장(2), 다진 파(2), 다진 마늘(1), 들기름(2)

삶아서 파는 것도 한 번 더 데쳐 주면 억센 껍질이 잘 벗겨지고 살균효과도 있어요.

❶ 시래기를 맑은 물에 헹궈 잡내 빼고, 끓는 물에 5분 정도 데쳐서 찬물에 헹궈 식히고,

❷ 거친 껍질 벗기고 물기 꼭 짜서 먹기 좋게 잘라 조물조물 **양념**해서,

❸ 식용유 두른 팬에 양념한 시래기 넣어 볶아 주고,

❹ 물(1/2컵) 둘러서 불 줄이고 뚜껑 덮어 뜸 들여,

❺ 시래기가 무르게 익으면 소금 간 하고 마지막으로 센 불에서 수분 날려 깨 뿌리면 완성.

우리집 텃밭이야기
냉이무침

여름내 상추며 부추, 아욱을 길러 먹던 우리 집 옥상 작은 텃밭에 찬바람 쌩쌩 겨울이 왔어요. 쓸쓸하고 황량한 밭을 보며 어서 봄이 오기를 마냥 기다렸었는데 무심코 자세히 들여다본 어느 날! 글쎄 온 밭을 냉이가 모두 점령하고 있지 뭐예요. 이 추운 겨울을 뚫고 당당히 고개를 내밀고 있는 냉이는 벌써 온몸으로 봄을 만끽하고 있었습니다.

 재료 준비하기

대표재료 냉이(2줌), 굵은 소금
된장양념 된장(1), 다진 마늘(1/2), 들기름(1/2), 깨소금(1/2)

요리 하나 더

또 다른 버전으로~
냉이고추장무침

고추장양념 고추장(1), 고춧가루(1/2), 다진 마늘(1/2), 참기름, 깨

고추장양념으로도 맛깔스럽게 무쳐 보세요. 이렇게 저렇게 양념을 해도 그윽한 냉이 향이 너무 좋아요.

❶ 냉이는 누런 잎을 떼어 내고 뿌리는 칼로 굵고 다듬어서 깨끗이 씻어 준비하고,

❷ 끓는 소금물에 냉이 넣고 우르르 끓어 오르면 건져서 찬물에 헹궈 물기 짜고,

❸ 된장양념에 무쳐내면 완성.

여름을 알리는
마늘종간장볶음

푸른색의 싱그런 마늘종이 나온다는 것은 여름이 시작된다는 거예요. 마늘대 사이에서 마늘종이 하나둘씩 나고 땅속에서 마늘이 여물면 하지를 기점으로 캐는 거래요.
이때 마늘종은 이른 아침이나 저녁에 뽑아야 쏙쏙 잘 뽑힌답니다.
이상은 텃밭에 마늘농사를 몇 년째 짓고 계시는 자매어머니의 도움말이었습니다.

 재료 준비하기

대표재료 마늘종(1줌), 붉은 고추(1개), 깨, 식용유
양념장 간장(3), 물엿(1), 설탕(1/2), 청주(1)

❶ 마늘종은 4cm 길이로 자르고, 붉은 고추는 송송 썰어 준비하고,

❷ 달군 팬에 식용유 두르고 마늘종 달달 볶다가,

❸ 양념장과 붉은 고추 넣어 윤기 나게 볶아 깨 뿌리면 완성.

요리 하나 더

매콤달콤~
마늘종장아찌무침

재료 삭힌 마늘종(1줌)
무침양념장 고추장(1/2), 설탕(1/2), 깨소금, 참기름

삭힌 마늘종을 먹기 좋게 잘라 무침양념장에 매콤달콤하게 무쳐 주세요.

늘 봄날처럼~
달래초무침

달래는 냉이나 쑥과 더불어 향긋한 봄 내음을 전해 주는 봄의 전령사지만, 요즘에는 계절에 상관없이 마트에 가면 사시사철 볼 수 있어요. 우리도 이렇게 있으니 찡그리지 말고 늘 봄날처럼 그렇게 살라고 그런가 봐요.

 재료 준비하기

대표재료 달래(1줌), 오이(1/2개), 굵은 소금
양념장 식초(1), 설탕(1), 간장(1), 고춧가루(1), 깨소금

요리 하나 더

초초초간편~
부추달래무침

재료 달래(1줌), 부추(1줌)
초고추장 식초(1), 고추장(1/2), 설탕(1), 깨

1. 부추와 달래를 5cm 길이로 잘라 나란히 놓고,
2. 초고추장 얹어 내면 완성.

❶ 깨끗이 씻어 준 달래는 5cm 길이로 자르고 오이는 반 갈라 어슷 썰고,

❷ **양념장** 미리 만들어 두었다가,

❸ 먹기 직전에 양념장에 버무려 내면 완성.

Part 04

슈퍼에서 찾은 만만한
계란, 두부, 가공식품반찬

마땅한 계획 없이 반찬거리 사냥 나간 슈퍼마켓에서 항상 잡아 오는 두부, 계란, 어묵, 참치, 햄, … 특히 인스턴트 반조리 식품은 시간 없어 바쁠 때 진가를 발휘해 주는 고마운 재료예요. 영양만점 두부와 계란, 다양한 가공식품 반찬 중에서 온 가족이 좋아하는 대표메뉴만을 골라 더 신선하고 위생적으로, 맛있게 요리할 수 있는 방법을 담았습니다.

초스피드~
뚝배기계란찜

정통 찜요리 스타일로 계란찜을 하려면 밥 안칠 때부터 함께 시작해야 하지만, 뚝배기 계란찜은 밥 뜸 들일 때 해서 밥상 위에 바로 올리는 초간단, 초스피드 계란찜이랍니다. 혹시 거칠고 맛이 덜할까 하는 걱정은 붙들어 매세요. 부드러운 맛은 우유가, 감칠맛은 다시마국물이 책임지니까요.

재료 준비하기

대표재료 계란(3개), 우유(1컵), 다진 파(1), 다진 당근(1), 다진 양파(1), 고춧가루
다시마국물 물(2컵), 다시마(10cm 1장)
양념 소금, 새우젓, 후춧가루

❶ 계란은 풀어 계란물 만들어서 우유와 다진 야채 넣어 고루 저어 주고,

❷ **다시마국물** 만들어서 뚝배기에 1/3 정도 붓고 **양념** 넣어 간 하고,

❸ 양념한 다시마국물이 끓으면 계란물 저어 가며 넣어 주고,

❹ 약한 불에서 끓이다 표면이 응고되기 시작하면 식성에 따라 고춧가루 뿌려 완성.

요리 하나 더

뭉근히 익히는~
정통계란찜

계란물에 다진 야채 넣고 고루 저어 그릇에 담고, 쿠킹호일 씌워 구멍 몇 개 내서 중탕으로 서서히 익혀 내세요.

치즈를 내품에~
치즈계란말이

치즈를 품어 주먹만해진 계란말이를 자르면 치즈가 쭈욱~~ 쫀득쫀득 고소한 치즈계란말이는 밥반찬으로나 술안주로도 베리굿~이지요.

재료 준비하기

대표재료 계란(4개), 다진 파(1), 다진 당근(1), 다진 양파(1), 소금, 식용유
치즈 모짜렐라치즈(가로 7cm × 세로 2cm), 슬라이스치즈(1장)

요리 하나 더

부드러운~ 스크램블에그

재료 계란(2개), 부추(약간), 식용유
양념 소금(1/3), 후춧가루

1 계란물에 부추와 양념 넣고,
2 식용유 두른 팬에 계란물 부어 젓가락으로 볶아 몽글몽글 덩어리지게 하면 완성.

❶ 계란(4개)을 체에 걸러서 풀어 다진 야채와 소금 넣고,

❷ 식용유 두른 팬에 먼저 계란물을 반만 부어 익히다가 치즈 넣어 말아 주고,

> 한김 식혀서 썰어야 모양이 예쁘답니다.

❸ 남은 계란물 부어 다시 한번 두툼하게 말아서 썰어내면 완성.

두부 한 모 사 오너라~
매콤두부지짐

어렸을 때 가장 많이 했던 심부름이 "두부 한 모 사 오너라." 였던 거 같아요. 가끔은 심부름 잘했다고 남은 잔돈 주시는 그 맛에 좋아하는 만화영화를 보다가도 달려 나갔었지요.
손수 밥상을 차려 보니 늘상 냉장고에 자리 하면서 날마다 새로운 요리를 만들어 주는 게 두부더군요. 왜 그렇게 유난히 두부 심부름이 많았었는지 이제야 알겠어요.

재료 준비하기

대표재료 두부(1/2모), 들기름
양념장 고춧가루(1), 간장(3), 다진 마늘(1), 송송 썬 실파(1), 붉은 고추(1개), 깨

❶ 두부의 물기는 키친타월로 흡수시켜 1cm 두께로 썰고,

❷ 양념장 만들어 미리 준비해 두었다가,

❸ 두부는 달군 팬에 들기름 두르고 노릇 노릇 지져,

따뜻할 때 오목한 접시에 담아 촉촉하게 국물도 함께 내세요.

❹ 물(1/2컵) 두르고 양념장 얹어 양념이 배게 지져 내면 완성.

요리 하나 더

**맛깔스런
두부간장조림**

재료 두부(1/2모), 녹말가루, 식용유
양념장 간장(2), 설탕(1/2), 물엿(1), 청주(1/2), 다진 마늘(1/2), 다진 파(1/2), 물(3), 참기름(1/2), 깨소금(1/2)

1 납작하게 썬 두부에 녹말가루를 묻혀 식용유 두른 팬에 지진 다음,

2 양념장을 얹어 조리면 완성.

야리야리~ 연두부냉채

두부, 연두부, 순두부, … 이름들이 어찌나 순박하고 정겨운지요. 연두부라~ 이름만 들어도 야리야리한 것이 입안에서 사르르 녹는 부드러움이 느껴지네요. 양념장만 만들면 되는 연두부냉채는 시간 없고 반찬 없을 때 그야말로 후다닥~ 아주 그만이지요.

재료 준비하기

대표재료 연두부(1모), 무순
양념장 송송 썬 실파(1), 붉은 고추(1/2개), 다진 마늘(1/2), 간장(2), 설탕(1/2), 참기름(1/2), 깨소금(1/2), 고춧가루(1/2)

❶ 연두부는 팩에서 꺼내 모양 그대로 담아서,

❷ 재료들 다져 넣고 **양념장** 만들어,

> 구운 김을 부셔서 함께 얹어도 고소하고 맛있어요.

❸ 연두부에 양념장과 무순 얹어 내면 완성.

요리 하나 더

쫀득쫀득~ 도토리묵무침

재료 도토리묵(1모), 오이(1/3개), 당근(1/3개), 풋고추(1개), 붉은 고추(1개), 깻잎, 쑥갓
양념장 간장(4), 고춧가루(1), 다진 파(2), 다진 마늘(1), 참기름, 들깨가루(1)

도토리묵은 모양 칼로 예쁘게 썰어 야채와 함께 양념장에 살살 버무려 내세요.

맛나조림장으로 만든~
어묵풋고추조림

한층 업그레이드된 맛있는 조림반찬을 위해 수제 맛나조림장을 만들어 보아요. 깔끔하고 맛있다는 칭찬 들으면 요~정도의 수고로움쯤이야 하는 김에 하는 거지 아무것도 아니라는 생각이 들 거예요.
자, 이제부터 어깨 힘 좀 넣고 다른 조림반찬에도 응용해 볼까요?

재료 준비하기
대표재료 동그란 어묵(2줌), 꽈리고추(1줌), 마늘(3개), 참기름(1/2), 깨(1/2)
맛나조림장 물(2컵), 마늘(7개), 마른 고추(1개), 대파(1대), 간장(1/2컵), 물엿(1/3컵), 청주(1/2컵), 생강가루, 후춧가루

❶ **맛나조림장** 재료 넣고 끓여 조림장 만들어 두고,

> 어묵은 끓는 물에 살짝 데쳐 기름기를 빼 주세요.

❷ 맛나조림장(1컵) 붓고 어묵과 마늘 넣어 센 불에서 끓이다가,

❸ 국물이 3/4 정도로 졸아들면 꽈리고추 넣고 1/4로 줄 때까지 조려 참기름과 깨 뿌리면 완성.

요리 하나 더

발그레~
매운어묵볶음

재료 납작어묵(3장), 당근, 실파, 양파(약간씩), 식용유
양념 간장(2), 고춧가루(1), 다진 마늘(1/2), 물엿(1/2), 후춧가루, 참기름, 깨

1 적당하게 썬 어묵을 끓는 물에 살짝 데쳐,

2 식용유 두른 팬에 채 썬 양파와 다진 마늘 볶아 향을 낸 후 어묵 넣어 볶고,

3 양념과 송송 썬 실파 넣어 볶아 내면 완성.

우리 둥글게 살아요
참치동그랑땡

우리 둥근 동그랑땡처럼 둥글둥글 그렇게 살아요. 얼굴 찡그리고 화낸다고 해결될 일이라면 맨날 그러고 살겠지만 그게 아니라면 그냥 둥글둥글 살자구요. 그렇게 살다보면 활짝 웃는 그런 날 더 많지 않을까요.^○^

 재료 준비하기

대표재료 참치(1캔), 다진 양파(2), 다진 당근(2), 깻잎(5장), 두부(1/4모), 계란물(2개 분량), 밀가루, 식용유
양념 다진 파(1), 다진 마늘(1/2), 소금, 후춧가루, 참기름

요리 하나 더

밥에 슥슥 비벼먹는 야채참치

재료 참치통조림(1캔), 감자(1개), 양파(1/2개), 당근(1/6개), 옥수수통조림(3)
양념장 고추장(2), 케첩(2), 간장(1), 청주(2), 다진 마늘(1), 물엿(1), 생강가루, 후춧가루, 깨

1 감자, 양파, 당근은 깍둑 썰어 식용유 두른 팬에 감자와 당근 먼저 볶고,

2 나머지 야채도 볶다가 참치와 양념장 넣어 볶아 주면 완성.

❶ 통조림에서 꺼낸 참치는 기름을 쭉 빼 주고,

❷ 두부는 키친타월로 물기 없애고 으깨서 준비하고,

❸ 깻잎은 채 썰어 넣고 준비한 참치, 두부, 양파, 당근에 계란물(4)과 **양념** 넣어 고루 치대서,

❹ 밀가루, 계란물 적셔 식용유 두른 팬에 노릇하게 지져 내면 완성.

여자라서 햄볶아요~
소시지야채볶음

"여자라서 행복해요~" 라는 광고 카피가 있었지요. 반페미니즘적인 생각이라며 할 말도 참 많은 게 우리들이지만 반면 여자라서 행복한 것도 많은 게 사실이잖아요.^^
오늘 저녁 반찬으로 햄볶았습니다. 즐겁게 식사하는 가족들을 보니 많이 행복합니다.

재료 준비하기
대표재료 수제소시지(3개), 양파(1/2개), 감자(1/2개), 붉은 피망(1/2개), 푸른 피망(1/2개)
양념 소금, 후춧가루(약간씩)
소스 간장(1), 우스터소스(1), 굴소스(1), 설탕(1)

❶ 소시지는 먹기 좋은 크기로 어슷 썰고,

> 감자를 썰어서 전자레인지에 넣고 1분 정도 가열해 주세요.

❷ 양파와 피망 역시 한입 크기로 썰고, 감자는 미리 살짝 삶아 준비하고,

❸ 달군 팬에 야채부터 넣고 **양념**해서 볶다가,

❹ 소시지 넣고 좀 더 볶아,

> 머스터드소스를 곁들여 찍어 먹으면 더욱 맛있어요.

❺ **소스** 만들어 넣고 센 불에서 재빨리 볶아 담아 내면 완성.

요리조리 이야기

우스터소스와 굴소스

우스터소스는 스테이크소스나 돈가스소스 등의 각종 소스를 만드는 서양소스의 기본이 되는 소스랍니다. 육류나 생선 등과 잘 어우러져 맛을 살려 줄 뿐만 아니라 고기를 더욱 부드럽게 해 주지요. 굴소스는 생굴을 소금물에 발효시켜 맑게 뜬 윗물만 떠서 양념해 농축시킨 소스랍니다. 육류를 재우거나 각종 볶음요리, 해산물요리에 넣으면 고유의 깊은 맛을 내지요.

힘없는 감자는 가라~
감자베이컨볶음

볶음용 감자를 썰어 찬물에 소금을 조금 넣어 담가 두었다가 요리해 보세요. 전분기가 빠져서 들러붙지도 않고 힘없이 축축 처졌던 감자도 조금 넣어 준 소금 덕분에 탱글탱글 탄력이 넘친답니다.

 **재료 준비하기**

대표재료 감자(1개), 베이컨(3장), 피망(1/2개), 양파(1/4개), 마늘(3개), 굵은 소금(약간), 식용유
양념 소금(약간)

❶ 감자는 채 썰어서 굵은 소금물에 담가 전분기 빼고,

❷ 베이컨은 2cm 폭으로 썰고, 피망과 양파는 채 썰어 준비하고,

> 식용유는 조금만 두르고 베이컨에서 나오는 기름은 닦아 내세요.

❸ 팬에 식용유 조금 둘러 편으로 썬 마늘 볶아 향 내고, 베이컨도 볶아 주고,

❹ 감자 넣고 볶다가 투명해지면 피망과 양파 넣고 센 불에서 재빨리 볶아 소금 간 하면 완성.

요리 하나 더

**간식으로도 굿!
베이컨떡말이**

재료 베이컨(3장), 떡(1줌)

1 베이컨을 전자레인지에 살짝 익혀 기름기를 빼 주고, 떡도 살짝 볶아.

2 베이컨으로 떡을 말아서 이쑤시개 꽂아 노릇하게 구워 내면 완성.

입맛 돌아오는~ 부추크래미무침

식초를 넣어 만든 초무침은 집 나가던 입맛도 되돌아오게 하지요. 그럼 이번에는 게맛살의 새로운 버전 크래미로 새맛 나는 무침반찬 만들어 보아요. 그 누구도 거부할 수 없는 깔끔한 맛에 입맛이 확~ 돌아온답니다.

 재료 준비하기

대표재료 크래미(5개), 부추(1/2줌), 베이컨(2장), 붉은 고추(1/2개), 양파(1/4개)
무침양념 식초(1), 설탕(1), 참기름(1/2), 다진 마늘(1/3), 소금, 후춧가루

요리조리 이야기

크래미와 베이컨

크래미는 대게의 풍미와 조직감을 냉동연육(생선살)으로 재현한 것으로, 기존 게맛살의 업그레이드라 할 수 있어요. 게맛살처럼 김밥이나, 겨자채, 냉채 등에 고루 이용하세요.

베이컨은 돼지의 등이나 배 부분의 고기(삼겹살)를 소금에 절여 훈제한 것으로 양에 비해 다소 비싼 듯 하지만 이곳저곳 활용도가 높은 식품이지요.

❶ 부추는 2cm 길이로 썰고, 크래미는 손으로 잘게 찢어 주고, 고추와 양파는 채 썰고,

❷ 베이컨은 살짝 구워 기름기 빼고 알맞게 잘라 준비한 다른 재료들과 함께 볼에 담아 주고,

❸ **무침양념** 넣고 가볍게 무쳐 내면 완성.

Part 05

입맛 당기는 웰빙푸드
생선, 해산물반찬

바다가 주는 선물 씨푸드로 요리하면 몸에도 좋고 맛있어서 누구나 좋아하는데, 손질법도 잘 알지 못하고 진동하는 비린내를 어떻게 감당해야 할 지 몰라 약간은 주저하기도 하지요. 하지만 알고 보면 어떤 요리보다 폼나고 또 간단한 것이 생선요리예요.
자, 지금부터 하나하나 친절한 요리조리 자매가 도와 드릴게요. 이제 집에서 생선반찬의 건강한 자연의 맛 그대로를 담아 내세요. 건강식품이자 칼로리가 낮아 다이어트식품으로 환영받는 해산물요리 살 찔 걱정일랑 붙들어 매고 부담 없이 마음껏 즐깁시다.

제주 아일랜드의
갈치조림

생선조림에는 무를 주로 넣지만 감자를 넣어도 좋아요. 맛도 있지만 알칼리성인 감자가 산성인 생선의 비린 맛을 없애 담백하고 깔끔한 생선조림을 만들어 준답니다. 평상시 하던 갈치조림에 고추장을 조금 넣어 주면 제주도식 갈치조림이 되지요.

재료 준비하기

대표재료 갈치(1마리), 꽈리고추(10개), 양파(1/2개), 감자(1개), 대파(1/2대), 물(2와1/2컵)
양념장 간장(2), 고추장(1), 고춧가루(1), 다진 마늘(1), 설탕(1), 참기름(1/2), 깨소금, 생강가루, 후춧가루

❶ 적당한 크기로 자른 갈치는 지느러미는 제거하고 비늘을 긁어 낸 다음 깨끗이 씻어 놓고,

> 갈치는 비늘이 없는 것 같지만 은색 나는 이것이 비늘이에요.

❷ 냄비에 감자 깔고 양파와 대파 넣고 갈치 올린 뒤 양념장 얹어 물(2와1/2컵) 부어 끓이고,

❸ 마지막으로 꽈리고추 넣고 간이 배게 조려 주면 완성.

> 숟가락으로 갈치를 뒤적거리면 살이 부서지니 냄비를 흔들면서 숟가락으로 양념장을 끼얹어 주세요.

 요리 하나 더

우리 엄마스타일
갈치무조림

재료 갈치(1마리), 무(1/4개), 대파(1대), 청양 고추(1개), 붉은 고추(1개)
양념 간장(3), 고춧가루(3), 다진 마늘(1), 설탕(1), 참기름(1/2), 생강가루, 후춧가루

1 큼직하게 썬 무를 깔고 물(2컵) 붓고 양념을 반만 넣어 끓여 주다가,

2 갈치 올리고 남은 양념 얹어 대파, 청양고추, 붉은 고추 넣고 조리면 완성.

자꾸만 생각나는 소스
삼치데리야끼

데리야끼소스는 짜지 않고 달달한 간장조림 맛을 내 주는 소스예요. 생선조림이나 닭고기, 오징어채나 어묵 같은 반찬들도 볶아 내면 그냥 간장조림과는 다른 깊은 맛을 내 준답니다. 지난번에는 돼지고기 항정살에도 데리야끼소스 양념을 연하게 해서 구워 먹었는데 소스 맛이 입에 착착 붙더니만 자꾸만 생각나네요.

 재료 준비하기

대표재료 삼치(1마리), 녹말가루, 밀가루, 깨, 식용유
데리야끼소스 멸치다시마국물(3), 간장(2), 청주(2), 설탕(1), 물엿(1), 생강가루

요리 하나 더

담백한 맛의 일인자
삼치소금구이

재료 삼치(1마리), 소금

1 손질한 삼치에 칼집 넣어 소금 뿌려 재웠다가,
2 석쇠나 팬에 8분 정도 구워 주면 완성.

❶ 삼치의 내장을 빼고 지느러미는 잘라 옅은 소금물에 씻어 뼈를 중심으로 포를 떠서 3등분하고,

❷ 삼치에 녹말, 밀가루 묻혀서 식용유 두른 팬에 구워,

데리야끼소스는 재료를 넣고 끓여서 미리 준비하세요.

❸ 구운 삼치에 **데리야끼소스** 뿌려 약한 불에서 조리면 완성.

자반고등어의 빨간 버전
고갈비

간이 잘 밴 자반고등어구이는 그야말로 다른 반찬을 무색하게 만들지요.
고등어를 더욱 맛있게 요리하는 비법은 자반고등어를 쌀뜨물에 담가 두면 되는데,
이렇게 하면 비린 맛과 짠맛은 빠지고 영양도 그대로 유지되면서 맛은 더욱 좋아집니다.

 **재료 준비하기**

대표재료 자반고등어(1마리), 풋고추(1개), 식용유
담금물 쌀뜨물(3컵), 청주(2), 양파(갈아서2), 다시마(10cm 1장)
양념장 고추장(1/2), 고춧가루(1), 다진 마늘(1/2), 다진 파(1), 청주(1), 물엿(1/2), 참기름(1), 생강가루, 후춧가루, 깨

스페셜 담금물을 만들어 담가 두면 감칠맛이 더해져요.

❶ 깨끗이 씻어 둔 자반고등어를 **담금물**에 담가 두었다가.

❷ 자반고등어의 물기를 키친타월로 닦아.

❸ 껍질부분부터 살짝 구워.

❹ **양념장** 바르고 약한 불에서 앞뒤로 구워.

❺ 마지막으로 송송 썬 풋고추 올리면 완성.

 **요리 하나 더**

군침 도는 자반고등어구이

재료 자반고등어(1마리), 식용유

위 1, 2번까지는 똑같이 손질해서 석쇠나 식용유 두른 팬에 구워 내세요.
스페셜 담금물을 이용하면 지역 특산물로 유명한 명품 고등어 맛을 낼 수 있어요.

어디로 갔나?
병어고추장조림

생긴 것도 참 미끈한 것이 얼굴도 작고…
딱 슈퍼 모델감이에요. 제 얘기냐고요?
그럼 좋겠지만 병어 얘기랍니다.^^
입 안에 넣으면 부드러운 살이 아이스크림
처럼 녹아 내려 어디로 갔는지도 모르는
참으로 참한 녀석이랍니다.

재료 준비하기

대표재료	병어(1마리), 무(1토막), 대파(1/2대), 참기름(1/2)
조림장	물(2/3컵), 고추장(1), 간장(1/2), 설탕(1/2), 청주(1), 생강가루(1/3), 다진 마늘(1/2), 후춧가루

❶ 병어는 비늘 긁어 내고, 머리 잘라 내장 제거하고 꼬리와 지느러미 잘라 깨끗이 소금물에 씻어 물기 빼고,

> 머리를 자르면 내장이 바로 보이니 그리로 꺼내세요.

❷ 마늘과 파는 채 썰어 준비하고,

❸ 조림장 만들어 끓이다가,

❹ 병어와 토막낸 무, 채썬 마늘, 파 넣고 불 줄여 조린 다음 참기름 넣고 흔들어 섞어 주면 완성.

> 뒤집으면 생선살이 부서지니 숟가락으로 양념 끼얹고 살살 흔들어 주세요.

요리조리 이야기

병어이야기

마름모꼴에 몸통이 납작한 병어는 가자미와 생김이 비슷해요. 흰살 생선 특유의 담백한 맛과 비린내가 없어서 생선을 싫어하는 사람들도 좋아하는 생선이지요. 잔가시가 별로 없어서 발라 먹기에도 좋아요. 또한 우럭이나 광어는 양식이 많지만 병어는 모두 자연산이랍니다.

공주엄마를 위한 코다리조림

갈치, 고등어, 꽁치, 삼치, … 우리 가족 모두는 생선을 너무 좋아해서 하루가 멀게 번갈아 가며 식탁에 올라왔었지요. 하지만 요리를 하며 냄새에 더 취하게 되는 엄마는 생선을 전혀 드시지 못한다고 오늘에서야 고백하셨습니다. 비린 맛이 나지 않아 코다리조림만 드신다는 말씀에 '우리 엄마는 생선두 못 드시구 공준가 봐.' 하고 돌아섰지만 왠지 코끝이 찡해졌습니다.

재료 준비하기
대표재료 코다리(2마리)
조림장 물(4컵), 마른 고추(2개), 마늘(3쪽), 간장(1/2컵), 청주(3), 설탕(2), 물엿(3), 고춧가루(2), 생강가루

요리 하나 더

북어의 변신은 무죄~
북어양념구이

대표재료 북어(1마리), 실파(1줌), 식용유
양념장 고추장(2), 간장(2), 설탕(1/2), 물엿(1), 청주(1), 다진 마늘(1/2), 참기름

1 머리와 꼬리 자른 북어를 물에 불려.
2 앞뒤로 양념장 발라 잠시 재워 두었다가.
3 식용유 두른 팬에 익혀서 송송 썬 실파 뿌려 주면 완성.

❶ 코다리의 비늘과 내장을 제거하고 지느러미를 다듬어 깨끗이 씻어 물기 빼고.

마늘은 저며 썰고, 마른 고추는 어슷 잘라 씨를 제거해 주세요.

❷ 조림장 재료 넣고 마늘과 마른 고추의 향이 날 때까지 조려.

❸ 조림장이 바글바글 끓을 때 코다리 넣고 조림장 국물이 자작해질 때까지 윤기 있게 조려 주면 완성.

저렴하고 맛있는~
코다리콩나물찜

지난번 자매의 요리책을 보시고 메일로, 전화로 격려해 주신 많은 독자들 가운데 콩나물을 이용한 찜요리를 정말 잘하고 싶다며 수줍게 말씀하시던 40대 어머님 생각이 나서 저렴한 값에 자매가 즐겨 먹는 코다리콩나물찜을 선정했습니다. 앞으로 우리 요리 조리자매 더욱 열심히 하겠습니다.

재료 준비하기

대표재료 코다리(2마리), 콩나물(2줌), 미나리(1/2줌), 실파(약간), 참기름(1), 깨
멸치국물 물(4컵), 국멸치(8마리)
녹말물 물(4), 녹말가루(4)
양념장 고춧가루(4), 간장(2), 청주(3), 설탕(1과1/2), 다진 마늘(1), 양파(갈아서 1), 생강가루, 후춧가루

❶ 콩나물은 머리와 꼬리 떼고, 미나리와 실파는 5cm로 썰어 준비하고,

❷ 손질한 코다리를 깨끗이 씻어 5cm 크기로 잘라 **멸치국물**(3컵) 넣고 익혀,

💬 부족한 간은 소금으로 하세요.

❸ 코다리가 충분히 익었을 때 **양념장** 풀고 콩나물, 미나리, 실파 넣고 **녹말물** 넣어 깨 뿌려 내면 완성.

요리 하나 더

아구 맛나라~ 아구찜

재료 아구(1마리), 콩나물(3줌), 미나리(1줌), 미더덕(1줌), 대파, 붉은 고추, 풋고추, 참기름, 깨, 다시마물(1컵), 식용유, 통깨
녹말물 물(4), 녹말가루(4)
양념장 고춧가루(3), 다진 마늘(1), 간장(2), 청주(1), 식초(1/3), 설탕(1), 생강가루, 후춧가루

1 손질한 아구는 식용유 두른 팬에 살짝 볶아 다시마물 부어 끓이고,

2 콩나물, 미더덕과 양념장 넣어 고루 섞어 주고,

3 미나리와 대파, 고추 넣고 녹말물 부어 섞어서 참기름과 통깨 뿌려 내면 완성.

밥상 위에 뿌듯함~
꼬막찜

엄마부엌일 돕겠다고 얼쩡거리는 꼬마에게 맡겨진 최초의 반찬요리예요. 조그마한 초등학생 손으로 꼼지락 꼼지락 꼬막 껍질 벗겨서 양념장 한 스푼씩 얹어 낸 꼬막찜. 상 위에 떡하니 한자리 차지한 나의 작품을 바라보던 그때의 뿌듯함이란...

 재료 준비하기

대표재료 꼬막(2줌), 굵은 소금
간장양념장 간장(1), 고춧가루(1), 설탕(1/3), 청주(1/2), 다진 파(1), 다진 마늘(1/2), 참기름, 깨소금, 생강가루

요리 하나 더

먹기 편해 좋아요~
꼬막무침

재료 꼬막살(2줌)
양념장 고추장(1), 들기름(1), 청주(1/2), 설탕(1/3), 다진 파(1), 다진 마늘(1/2), 생강가루, 깨

1 꼬막은 살만 발라 내어,
2 양념장 만들어서 버무려 주면 완성.

> 바닷물 같은 농도로 소금물을 만들어서 신문지로 덮어 두세요.

❶ 꼬막을 바락바락 문질러 씻거나 칫솔로 깨끗이 닦아 소금물에 해감시키고,

> 너무 오래 삶으면 질겨지니 입 벌리기 시작할 때 꺼내세요.

❷ 끓는 물에 꼬막 넣고 입을 벌리면 찬물에 헹궈 한쪽 껍데기는 떼어 내고 물기 빼 주고,

❸ **간장양념장** 만들어서 꼬막살에 조금씩 얹어 접시에 담아 내면 완성.

맛집 따라잡기
오징어불고기

데이트하면서 발굴한 맛집 중에 자주 가는 오삼불고기집이 있어요. 하루는 "너도 똑같이 할 수 있어?" 하길래 주도 면밀하게 분석해서 짜잔~ 하고 보여 줬더니 정말 똑같다고 깜짝 놀라더군요. 생각 없이 끼니만 해결하는 게 아니라 어느새 그 맛을 분석해서 따라하게 되니 맛있는 거 많이 먹으러 다니는 것도 다 요리공부라니까요.

재료 준비하기

대표재료 오징어(2마리), 대파(1/2대), 풋고추(1개), 붉은 고추(1개), 양파(1/2개), 당근(1/4개), 식용유
양념장 고추장(2), 고춧가루(3), 물엿(2), 설탕(2), 간장(2), 청주(1), 양파(갈아서1), 다진 마늘(1), 참기름(1), 깨소금, 생강가루, 후춧가루

굵은 소금으로 문지르거나 키친타월로 잡아당기면 잘 벗겨진답니다.

❶ 손질한 오징어는 껍질 벗겨 길게 반 갈라 1.5cm 간격으로 썰고,

❷ 양파와 당근은 굵게 채 썰고 고추는 어슷 썰고 대파는 5cm로 잘라 반 가르고,

❸ 양념장 만들어 오징어 넣고 무쳐서,

여기에 삼겹살도 함께 볶아 주면 오삼불고기가 되지요.

❹ 달군 팬에 식용유 두르고 양념한 오징어 볶다가,

오징어를 오래 볶으면 질겨지니 센 불에서 빨리 볶아 불 끄고 남은 열로 익히세요.

❺ 준비한 야채 넣고 강한 불에서 재빨리 볶아 내면 완성.

 **요리 하나 더**

꼬들꼬들~
낙지볶음

대표재료 낙지(2마리), 콩나물(1줌), 양파(1/2개), 대파(1대), 붉은 고추, 풋고추, 깨, 식용유
양념장 고추장(1), 고춧가루(2), 청주(1), 설탕(1), 물엿(1/2), 물(2), 소금(1/3), 생강가루, 후춧가루

1 식용유 두른 팬에 양파 먼저 볶다가 양념장 넣어 볶고,

2 양념장이 끓으면 손질한 낙지 넣고 센 불에서 볶고, 대파와 고추 넣고 재빨리 볶아 내면 완성.

077

귀가 쫑긋
굴전

옛말에 "배 타는 어부의 딸은 까맣고, 굴 따는 어부의 딸은 하얗다."는 말이 있어요. 화이트닝에 민감한 우리들에게 귀가 쫑긋하는 말이 아닐 수 없지요.

재료 준비하기

대표재료 굴(1줌), 계란물(2개 분량), 밀가루(1/2컵), 소금물, 식용유
밑간양념 청주(1), 소금, 후춧가루
와사비간장 간장(2), 식초(1/2), 와사비(1/3)

> 굴껍질이 붙어 있으니 하나하나 꼼꼼히 씻어 주세요.

❶ 굴은 연한 소금물에 흔들어 씻어 물기 빼고 **밑간양념**해 두고,

❷ 굴은 밀가루에 버무려 계란물 적셔서,

> 계란물이 들어가는 전의 경우 식용유가 많으면 부글거려 미워지니 적당히 둘러 닦아 주세요.

❸ 달군 팬에 식용유 두르고 노릇하게 지져 **와사비간장**과 곁들이면 완성.

요리 하나 더

신선하게 즐겨요~
굴무생채

재료 생굴(1봉지), 무(1줌), 배(1/4개), 미나리(약간), 마늘
양념 레몬즙(1), 고춧가루(4), 생강가루(1/3), 깨, 소금

1 무와 배는 채 썰고 마늘은 편으로 썰어 미나리와 함께 양념에 버무려 물들이고,

2 먹기 직전에 굴 넣고 가볍게 버무려 내면 완성.

두말하면 잔소리~
미역줄기볶음

바다에서 나는 해조류는 풍부한 식이섬유가 콜레스테롤 축적을 막고 장운동도 원활하게 해 주고, 유해물질을 배출시키는 천연 웰빙 식품이라는 거 두말하면 잔소리지요.

재료 준비하기
대표재료 미역줄기(2줌), 다진 마늘(1/2), 식용유
양념 설탕(1/2), 깨소금(1/2), 참기름(1/2)

요리 하나 더

이번엔 빨갛게~
미역줄기초고추장무침

재료 미역줄기(염장한 것 1줌), 깨
양념장 식초(1), 고추장(1), 고춧가루(1/2), 다진 마늘(1/3), 설탕(1/3), 물엿(1/2), 생강가루, 소금

깨끗이 씻어 끓는 물에 살짝 데친 미역줄기를 먹기 좋게 잘라서 양념장에 무쳐 주면 완성.

염장미역을 씻을 때 물에 오랫동안 담가두면 특유의 감칠맛이 빠지니 주물러 씻어 주세요.

❶ 미역줄기는 염장미역으로 준비해서 물에 담갔다가 바락바락 여러 번 주물러 씻어 끓는 물에 살짝 데쳐서,

❷ 물기 빼고 먹기 좋게 썰어 주고,

❸ 식용유 두른 팬에 먼저 다진 마늘 볶아 향을 내고, 미역줄기와 **양념** 넣어 볶아 주면 완성.

Part 06

보기만 해도 군침 도는
고기반찬

쇠고기, 돼지고기, 닭고기를 이용한 다양한 메뉴의 음식점은 어디를 가나 참 많아요. 고기요리는 참으로 무궁무진하고 대중이 선호하는 요리라는 이야기겠지요. 하지만 우리집에서도 맛집의 그 맛을 재현하기는 그리 어렵지 않아요. 일단 용도에 맞는 육질 좋은 고기를 선택해서 특유의 누린내를 효과적으로 없애고, 육질을 더욱 부드럽고 연하게 만들어, 제 맛을 살려 주는 조리법으로 만들어 낸다면 소위 '남의 살'이 들어가는데 맛이 없을 리 없겠지요.

감동의 물결~
제육볶음

"아는?, 밥도, 자자" 경상도 남자가 집에 돌아오면 딱 이 세 마디를 한다죠. 음식을 먹을 때에도 "먹을 만하네." 하면 맛있다는 얘기예요. 하지만 무뚝뚝한 그 남자가 "정말 맛있네." 하더군요. 남들은 자주 들어서 당연하고 별것도 아닌 이 말이 저에게는 왜 이렇게 감동의 물결이던지요.

 재료 준비하기

대표재료 돼지고기(불고기감 2줌), 양파(1/2개), 대파(1대), 식용유

불고기양념장 고추장(2), 두반장(1), 고춧가루(1), 간장(1), 청주(3), 설탕(1), 물엿(1), 오렌지주스(3), 다진 마늘(1), 다진 파(2), 참기름(1), 생강가루, 후춧가루

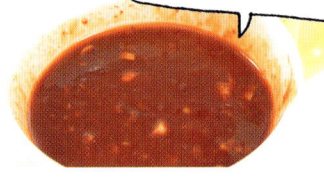

과즙을 갈아 넣는 것이 번거롭다면 과일주스를 이용해 보세요. 포도, 오렌지 다 좋아요.

❶ 분량대로 **불고기양념** 만들어서, 조물조물 양념해서 30분 이상 재우고,

❷ 고추와 대파는 어슷 썰고 양파는 채 썰어서,

❸ 달군 팬에 식용유 두르고 양념한 고기와 고추, 대파, 양파 넣어 볶아 주면 완성.

요리조리 이야기

고기양념에는 두반장을…

두반장은 발효시킨 콩에 마른 고추를 넣어 만든 중국소스로 짬뽕을 비롯해서 빨갛고 매운 중국 요리라면 꼭 들어가는 재료예요. 우리 입맛에도 잘맞아서 고기양념이나 볶음요리에 고추장과 함께 넣으면 감칠맛을 더해 준답니다.

눈으로 먼저 느끼는~
쇠고기양송이볶음

쫄깃하고 담백한 쇠고기양송이볶음에
피망으로 빨간, 파랑 빛깔 더해 주니
보기만 해도 군침이 도네요.
원래 음식은 눈으로 먼저 느낀 다음
입으로 먹는다고 하잖아요.

재료 준비하기

대표재료 양송이버섯(1줌), 쇠고기(불고기감 1줌), 붉은 피망, 푸른 피망(1/2개씩), 식용유
양념장 간장(3), 청주(1), 다진 파(1/2), 다진 마늘(1/2), 설탕(1/3), 참기름, 깨소금, 후춧가루

양송이는 아래에서 위로 올려 가며 껍질을 벗겨 주세요.

❶ 양송이는 얇게 저며 썰고, 피망은 채 썰어 준비하고,

❷ 달군 팬에 식용유 둘러 쇠고기 넣고 볶다가 양송이와 피망도 볶고,

오래 익혀야 하는 재료부터 넣고, 양념은 맨 마지막에 넣어 재빨리 볶아 내는 것이 요령이에요.

❸ 마지막으로 **양념장** 넣고 재빨리 볶아 내면 완성.

요리 하나 더

그윽한 버섯향~
버섯불고기

재료 쇠고기(1근), 양파(1개), 대파(1대), 표고버섯(3개), 애느타리버섯(1줌)
양념 간장(6), 배(갈아서 5), 청주(1), 설탕(1), 다진 파(2), 다진 마늘(1), 깨소금, 후춧가루, 참기름, 소금

쇠고기에 양념해서 버섯, 대파, 양파 넣어 조물조물 무쳐 잠시 재웠다가 볶아 내세요.

이젠 닭도리탕이 아닌
닭볶음탕

'닭도리탕'에 익숙한 우리들이지만 새(鳥)를 뜻하는 도리라는 일본말이 들어간 잘못된 표현이니 이제 닭볶음탕이라 부릅시다. 국민학교가 초등학교로 명칭이 바뀌면서 처음에는 어색했던 초등학교가 이제는 너무 익숙해져 도리어 국민학교가 어색해진 것처럼 말이에요.

재료 준비하기

대표재료 닭(1마리), 감자(2개), 당근(1/2개), 양파(1/2개), 대파(1대), 물
밑간양념 청주(1), 후춧가루
양념장 고춧가루(5), 고추장(1), 간장(1), 설탕(2), 청주(2), 다진 마늘(1과1/2), 다진 생강(1/2), 참기름(1), 소금(1/2), 후춧가루, 깨소금

닭껍질의 기름기는 끓는 물에 살짝 데쳐 내면 돼요.

감자는 찬물에 담가 전분기를 빼 주세요.

❶ 4cm 크기로 토막 낸 닭의 누런 기름은 철저히 제거하고,

❷ 깨끗이 씻어 **밑간양념**해서 누린내 없애고,

❸ 당근과 감자는 큼직하게 잘라 모서리를 둥글게 다듬고, 양파와 대파도 준비하고,

❹ 냄비에 닭, 감자, 당근 담고 **양념장** 넣어 자작하게 물 붓고 중불에서 끓이다가,

❺ 닭에 간이 배고 야채가 익으면 대파와 양파 넣고 국물이 어느 정도 줄 때까지 은근히 끓여 내면 완성.

요리 하나 더

안동시장표 야채찜닭

재료 닭(1마리), 감자(1개), 양파(1/2개), 당근(1/3개), 당면(1줌), 마른고추(2개), 다진 마늘(1), 후춧가루, 식용유
조림장 간장(1컵), 청주(1컵), 물(2컵), 물엿(1/2컵), 생강(1쪽), 대파(1대), 사과(1/2개), 마른 고추(2개), 마늘(5개), 통후추(1/3)

1 토막 낸 닭은 뜨거운 물에 살짝 데쳐 기름기 빼고,
2 식용유 두른 팬에 다진 마늘과 닭고기 볶다가 감자, 당근, 조림장(1/2분량) 넣어 볶아,
3 어느 정도 익으면 대파, 청양고추, 양파, 당면 넣고 나머지 조림장 넣어 볶아 주면 완성.

일석이조
김치말이보쌈

돼지고기구이를 먹을 때면 항상 김치를 함께 구워 싸 먹는 남자친구를 보고 착안해 낸 보쌈의 새로운 버전이에요. 구이요리와는 달리 기름기는 쏙 빼고 김치 특유의 맛도 그대로 느낄 수 있어 맛도 좋고 건강에도 좋은 일석이조 김치말이보쌈! 남자친구에게 한번에 점수 따는 메뉴라니까요.

 **재료 준비하기**

대표재료 돼지고기(목살 반근), 배추김치잎(10장)
향신재료 마늘(5쪽), 생강(1톨), 대파잎, 소금, 커피
새우젓양념 다진 새우젓(1), 새우젓물(1), 고춧가루(1/3), 다진 마늘(1/3), 청주(1), 참기름, 깨

❶ 목살은 5cm×5cm 크기로 썰어 칼등으로 두드려 주고,

❷ 배추김치 펼쳐서 돼지고기 올려 돌돌 말아 꼬치로 고정시켜서,

❸ 물 넉넉히 붓고 향신재료 넣어 끓이다가,

❹ 끓어오르면 준비해 둔 김치말이 넣어 푹 삶아서,

❺ 먹기 좋게 반갈라 새우젓양념 만들어서 김치말이 보쌈과 곁들이면 완성.

요리 하나 더

원조맛 그대로~ 돼지고기보쌈

재료 돼지고기(목살이나 삼겹살 1근), 배춧잎, 굵은 소금
향신재료 양파(1/2개), 대파(1개), 통마늘(5개), 된장(1), 커피

1 향신재료 넣고 끓이다가 돼지고기 넣어 삶아 주고,
2 푹 삶은 돼지고기를 적당한 크기로 썰어,
3 굵은 소금에 절인 배춧잎 곁들이면 완성.

궁궐에서 먹었다던
떡갈비

맨 처음 떡갈비를 먹으러 갔을 때 갈비를
떡과 함께 구워 내는 줄 알았어요. 갈비를
다져서 떡처럼 만들어 구우면 떡갈비가 되는
것을 왜 그런 상상을 했는지 몰라요.
떡갈비가 궁중음식이었다던데 아마도
전생에 공주나 왕비는 아니었나 봐요.^^

재료 준비하기
대표재료 쇠고기(등심 2줌), 잣가루(약간), 식용유
양념장 간장(2), 물(3), 다진 마늘(1/2), 다진 파(1), 양파즙(1), 배즙(2), 사과즙(2), 물엿(1), 청주(1/2), 설탕(1), 참기름, 깨소금, 후춧가루(약간씩)

❶ 쇠고기는 잘게 다져 준비하고,

이미 갈아 놓은 고기라도 더욱 부드럽고 끈기가 생긴답니다.

❷ 분량대로 **양념장** 만들어서,

양파와 배, 사과는 강판에 갈아 즙을 내 주세요.

❸ 다진 고기에 양념장 넣고 주물러 숙성시키고,

❹ 고루 섞어 동글납작 모양 만들어

❺ 식용유 두른 팬에 굽거나, 석쇠에 호일 깔고 굽다가 어느 정도 익으면 호일 벗기고 모양 나게 익힌 후 잣가루 솔솔 뿌리면 완성.

호일을 깔지 않으면 육즙과 양념이 다 빠져 맛이 없어져요.

애주가의 와인삼겹살

가끔 한두 병씩 사다 나른 와인을 보고만 있어도 그저 흐뭇한 걸 보니 애주가가 맞긴 하나 봐요. 하지만 분위기 잡으며 내 얼굴만한 와인 잔을 기울이는 정통 애주가가 아니라 이렇게 와인숙성삼겹살을 지글지글 구워 안주로 먹는 것이 더 행복한 소박한 애주가랍니다.

재료 준비하기
대표재료 통삼겹살(1근)
숙성소스 레드와인(1/2컵), 화이트와인(1/2컵), 청주(2), 월계수잎(3장)
곁들임소스 볶은 콩가루+소금, 머스터드소스, 바비큐소스

요리 하나 더

신토불이 된장삼겹살

재료 생삼겹살(반근)
된장양념 된장(3), 설탕(1), 물(2), 다진 마늘(1), 참기름(1), 후춧가루

삼겹살에 된장양념 고루 발라 30분 이상 재웠다가 구워 내세요.

마지막에 월계수잎을 띄워 주면 향미를 더해 주지요.

❶ 통삼겹살을 3~4토막으로 잘라, **숙성소스** 넣어 냉장고에서 4시간 정도 1차 숙성시키고,

❷ 한 토막씩 호일에 싸서 냉장고에 보관했다가,

❸ 굽기 직전에 꺼내 겉면만 살짝 익힌 다음, 먹기 좋게 썰어 팬에 지글지글 구워서 **곁들임소스**와 함께 내면 완성.

돌아서면 생각나는~ 닭갈비

유행처럼 번지는 다양한 외식메뉴 중에서 닭갈비는 정말 오랜 세월 사랑받고 있어요. 대중의 입맛에 잘 맞아 돌아서면 어느새 또 생각나니까요. 언젠가 학교 앞에 막 오픈한 닭갈비집이 일주일 동안 파격가 이벤트를 한 적이 있었는데 좀 심하긴 하지만 일주일 꼬박을 주식으로 즐겨먹던 친구들도 많았답니다.

재료 준비하기

대표재료 뼈없는 닭살(3줌), 양파(1/2개), 고구마(1/2개), 양배추(4장), 당근(1/4개), 대파(1대), 깻잎(10장), 떡볶이 떡(1줌), 식용유

양념장 고추장(2), 고춧가루(3), 콜라(3), 간장(2), 물엿(2), 설탕(1/2), 청주(2), 다진 마늘(2), 카레가루(1/2), 생강가루, 참기름, 후춧가루

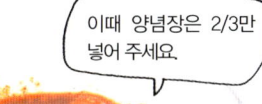
이때 양념장은 2/3만 넣어 주세요.

떡이 너무 굳었을 경우에는 끓는 물에 살짝 데쳐 주세요.

❶ 먹기 좋게 썬 닭살은 **양념장** 만들어 고루 버무려 재우고,

❷ 양파와 당근은 손가락 길이로 썰고, 양배추는 굵직하게 채 썰고,

❸ 고구마는 한입 크기로 납작하게 썰어 떡과 함께 찬물에 담가 두고,

❹ 달군 팬에 식용유 두르고, 양념한 닭, 고구마, 떡과 남은 양념장 마저 넣어 볶아 주고,

❺ 양파, 당근, 양배추, 대파 넣어 볶다가 채 썬 깻잎은 먹기 직전에 넣어 주면 완성.

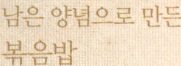 요리 하나 더

남은 양념으로 만든 볶음밥

재료 밥(1그릇), 다진 김치, 참기름, 깨, 부순김

남은 양념에 볶음밥 재료 넣어 볶아 먹어야 배가 꽉 차지요.^^ 그리고 닭갈비는 시원한 동치미 국물과 함께 먹어야 제 맛인 거 아시죠?

Part 07

마음까지 든든하게 채워 주는 밑반찬

매일 밥상에 한자리 하고 있는 터줏대감, 끼니마다 내놓아도 물리지 않는 반찬, 어쩌다 빠지면 밥상이 허전해지는 반찬… 바로 밑반찬 얘기예요. 잔멸치, 우엉, 오징어채 등을 쌀 때 넉넉히 구입해서 시간 날 때 만들어 두면 부식비도 절감되고, 여기에 찌개 하나만 올리면 풍성한 밥상이 뚝딱 차려지니 냉장고 뿐만 아니라 내 마음까지 든든하게 채워 주는 밑반찬. 최고로 고맙지요.

슈퍼 울트라 초간단~
미역자반

대학 다닐 때 가끔 도시락을 싸 가기도 했는데 미역자반을 봉지에 담아 반찬으로 가져 가면 "에이~이거 산 거잖아." 하면서 친구들 도무지 믿지 않더군요. 들어가는 재료도 별거 없고 이렇게 간단하고 쉬운데 어려워 보이나 봐요. 그렇다면 요거요거 잔뜩 만들어서 옥션에 내다 팔까 봐요.ㅋㅋ

 재료 준비하기

대표재료 자른 미역(2컵), 식용유
양념 설탕(1과1/2), 깨(1)

젖은 면보로 표면을 가볍게 닦아 주면 깨끗해요.

❶ 미역은 가위로 2~3cm 길이로 잘라 준비하고,

❷ 달군 팬에 식용유 두르고 자른 미역 넣고 저어 가며 재빨리 볶아,

밀폐용기에 담아 냉동실에 두면 늘 바삭바삭하지요.

❸ 설탕(1), 깨(1/2) 넣고 고루 섞어 주면 완성.

요리 하나 더

바삭바삭 즐거운~
다시마튀각

재료 다시마(사방 10cm 4개), 찹쌀가루, 식용유
양념 설탕(2개), 깨

1 다시마를 먹기 좋게 잘라 물에 살짝 헹궈 찹쌀가루 묻혀서,

2 소금을 넣었을 때 바작 소리 나는 180℃ 온도에서 튀겨,

3 떠오르면 건져서 기름 빼고 설탕, 깨 뿌리면 완성.

청개구리의~ 멸치고추장볶음

"멸치 많이 먹어라." 하는 말에 귀를 틀어 막았던 청개구리 시절. 그때 말 잘 듣고 참하게 보냈더라면 지금보다 10cm는 더 크는 건데요. ㅠㅠ

 재료 준비하기

대표재료 잔멸치(2컵), 꽈리고추(10개), 청주(2), 물엿(1)
양념장 고추장(2), 설탕(1), 다진 마늘(1/2), 식용유(3)

요리 하나 더

**이렇게 맛있는 걸~
간장멸치볶음**

재료 잔멸치(2줌), 식용유, 깨
양념장 물(2), 간장(2), 설탕(2), 물엿(2), 청주(2)

1 양념장 넣고 살짝 끓여 준비하고,
2 식용유 두른 팬에 잔멸치 넣고 볶아 양념장 넣고 버무리듯 볶아 깨 뿌리면 완성.

❶ 양념장 모두 넣고 끓여주고,

❷ 체에 받쳐 살짝 헹궈 물기 뺀 멸치를 양념장에 넣고 재빨리 뒤적이면서 달달 볶아,

❸ 꽈리고추 넣고 볶다가, 청주(2) 넣어 비린 맛을 없애고 물엿(1) 넣어 윤기 있게 볶아 내면 완성.

뱅어대타 실치의
뱅어포양념구이

100마리도 넘게 붙어 있는 얘네들 이름이 뱅어포인데 글쎄 얘들이 뱅어가 아니라네요.
예전에 많았던 뱅어가 요즘은 잡히지 않아 뱅어 사촌뻘 되는 실치가 대타가 된 거래요.

재료 준비하기

대표재료 뱅어포(5장), 식용유, 깨소금
양념장 고추장(2), 물엿(2), 설탕(1), 간장(1/2), 청주(1/2), 참기름(1), 고춧가루(1/2), 다진 마늘(1/2)

❶ 뱅어포의 잡티를 제거하고 한 장씩 털어 부스러기를 없애고,

❷ **양념장** 재료 넣고 고루 섞어 양념장 만들어서,

❸ 앞뒤로 발라 양념이 배게 재웠다가,

> 양념장 바를 때 비닐을 깔아 주면 양념이 배지 않아 도마가 깔끔하지요.

❹ 양념이 밴 뱅어포를 식용유 살짝 두른 팬에 약한 불에서 한 장씩 구워 주고,

> 뱅어포를 꾸덕해지도록 재워야 양념이 까맣게 타는 것을 어느 정도 막을 수 있어요.

❺ 구운 뱅어포를 먹기 좋게 잘라 주면 완성.

요리 하나 더

왕고소해~ 마른새우볶음

재료 마른 새우(2줌), 청주(2)
양념장 식용유(1), 물(1), 간장(2), 고추장(1/2), 다진 마늘(1/2), 설탕(1/2), 물엿(1), 참기름, 깨

1 마른 새우를 기름 없이 볶아 가루는 털어 내고, 양념장은 끓여 주고,

2 청주 넣어 부글거리면 마른 새우 볶다가, 양념장 넣고 살짝 볶아 주면 완성.

아낌없이 주는
북어포무침

명태, 생태, 동태, 황태, 북어, 코다리,
노가리, …
같은 녀석이 이름까지 달리해 가며
이런 모습 저런 모습으로 우리에게 참으로
아낌없이 주는구나.

 재료 준비하기

대표재료 북어포(1줌), 미나리(1/2줌), 쌀뜨물(약간)
무침양념장 식초(1), 고추장(1), 고춧가루(1), 설탕(1), 물엿(1), 간장(1/2), 참기름(1), 깨(1/2)

❶ 북어포는 쌀뜨물에 잠시 담가 부드럽게 하고,

❷ 부드러워진 북어포를 잘게 찢어 물기 꼭 짜서,

❸ **무침양념장** 만들어 북어포에 무치고, 3cm로 썬 미나리도 넣어 살살 무쳐 주면 완성.

요리 하나 더

오징어채의 부드러운 변신
오징어채볶음

재료 오징어채(3줌), 참기름, 깨, 마요네즈(1)
양념 고추장(2), 간장(1/2), 물엿(1), 설탕(1), 식용유(2), 청주(1/2), 물(3)

1 양념 넣어 끓여 오징어채 넣고 중불에서 헤쳐 가며 볶아,

2 마요네즈 넣고 참기름, 깨 뿌리면 완성.

외할머니가 전수해 주신
무말랭이무침

외할머니의 무말랭이무침 하나면 다른 반찬이 보이지 않아요. 한 번쯤 맛본 사람이라면 누구나 인정하는 무말랭이무침의 비밀을 드디어 전수받았습니다. …, 할머니의 할머니 → 할머니 → 어머니 → 나 → 그리고 미래의 나의 딸, … 이렇게 이어 가는 건가요.^^ 저는 요리책에 담아 이 맛을 온 국민 모두에게 전수해 드립니다.

재료 준비하기
대표재료 무말랭이(3줌), 말린 고춧잎(1줌)
양념물 물(3컵), 물엿(1/2컵), 설탕(2)
양념 멸치액젓(1/2컵), 고춧가루(5), 다진 마늘(1), 설탕

요리조리 이야기

**할머니께서 전수해 주신
또 하나의 무말랭이**

말려 놓은 무말랭이가 없는 겨울철이나 더욱 시원한 맛을 원할 때에는 이 방법으로 해 보세요. 무를 길쭉하게 썰어서 따뜻한 실내에서 2~3일 후에 꾸덕할 정도로 말려서 양념에 무쳐 내는 방법이랍니다. 기존 무말랭이와는 다른 시원하고 깔끔한 맛이 아주 좋아요. 보쌈에 함께 나오는 굴 무 무침에 이렇게 꾸덕하게 말린 무가 쓰인답니다.

무말랭이가 표면에 남아 있던 물기를 흡수하여 부드러워진답니다.

❶ 무말랭이는 4~5번 헹궈 특유의 군내를 빼 주고 체에 건져 30분쯤 그대로 두어 불게 하고,

❷ 말린 고춧잎도 물에 불려 주고,

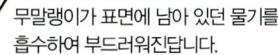
저장반찬을 오래두고 먹으려면 끓여서 넣어야 합니다.

❸ 양념물 팔팔 끓여서 식혀 두고,

처음에는 질퍽해도 놔 두면 물을 흡수해서 부드러우면서도 적당하게 꼬들거려요.

❹ 무말랭이와 고춧잎에 양념물과 **양념** 넣고 무쳐 주면 완성.

이름을 닮은 맛
장똑똑이

장조림 맛이 나면서도 쇠고기가 '똑똑' 하고 잘라지며 씹히는 맛이 좋아서 얘 이름이 장똑똑인가 봅니다. 어렸을 때에는 주로 이름으로 친구들 별명을 지어 불렀었지요. 지씨 성을 가진 아이는 지우개, 홍씨는 홍익인간, 장씨는 장독대나 장아찌, 김씨는 김밥 아니면 김치라고 불렀던 것처럼 말이죠.^^

재료 준비하기

대표재료 쇠고기(홍두깨살 2줌), 청양고추(1개), 참기름(1), 깨
조림장 물(1/4컵), 간장(3), 설탕(1), 물엿(2), 다진 마늘(1/2), 생강가루, 후춧가루

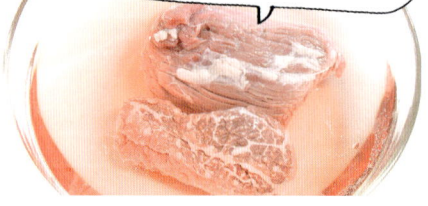

❶ 쇠고기는 찬물에 담가 핏물 빼고 잘게 썰어서,

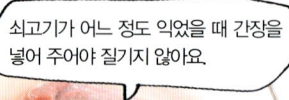 쇠고기가 어느 정도 익었을 때 간장을 넣어 주어야 질기지 않아요.

❷ 팬에 참기름(1) 두르고 쇠고기 넣어 볶다가 간장(3) 넣고,

❸ 나머지 조림장 넣고 볶다가 참기름, 깨 뿌려 윤기 있게 조리면 완성.

요리 하나 더

든든한 친구
쇠고기장조림

재료 쇠고기(홍두깨살 1줌), 메추리알(10개), 마늘(5쪽), 물
향신재료 대파(1/2대), 마늘(3쪽), 생강(1톨), 통후추(약간)
양념 간장(1/2컵), 설탕(2), 맛술(1/3컵), 생강가루, 후춧가루

1 핏물 뺀 쇠고기는 향신재료 넣고 삶아 결대로 찢어 주고,

2 쇠고기 삶은 물(2컵)에 양념 넣고 쇠고기, 메추리알, 마늘 넣어 졸이면 완성.

볼 때마다 든든한~
우엉조림

언제부턴가 김밥 속에 꼭 들어가게 된 우엉조림. 반찬 궁할 때 내 놓으면 더욱 요긴한 저장반찬이니 시간 날 때 넉넉히 만들어 두면 볼 때마다 든든하지요.

재료 준비하기

대표재료 우엉(2뿌리), 식초(2), 깨
조림장 마른 고추(1개), 생강(1/2톨), 청주(1/2컵), 물엿(2), 설탕(1), 간장(5), 물(1컵)

요리 하나 더

**씹는 맛이 좋은
연근조림**

재료 연근(2줌), 깨, 식초
양념 간장(3), 청주(2), 설탕(2), 물엿(1)

1 연근을 식초 넣어 끓인 물에 삶아 찬물에 헹궈 물기를 빼고,
2 양념 넣어 약한 불에서 조려 깨 뿌리면 완성.

❶ 손가락 굵기 만한 우엉을 골라 칼등이나 필러로 껍질을 벗겨.

김밥용 우엉은 길게 채로 썰어 주세요.

❷ 우엉을 어슷하게 저미듯이 썰어, 끓는 물에 식초(2) 넣고 살짝 삶아 찬물에 헹궈 물기 빼고,

❸ 조림장 만들어서 끓이다가 우엉 넣고 윤기 있게 조려 깨 뿌리면 완성.

꿀을 넣어 꿀맛?
약고추장

약고추장은 유명한 전주전통비빔밥이나 비행기에서 기내식으로 제공되는 비빔밥에 특별히 들어가는 고추장이에요. 쇠고기를 넣어 볶아 준 약고추장은 반찬 없이 맨밥에 그냥 슥슥 비벼 먹어도 꿀을 넣은 것도 아닌데 꿀꺽꿀꺽 잘도 넘어가는 그야말로 꿀맛이랍니다.

 재료 준비하기

대표재료 다진 쇠고기(1/2줌), 꿀(1), 참기름(1), 잣(1)
쇠고기양념 간장(1/2), 설탕(1/2), 다진 파(1/2), 다진 마늘(1/3), 참기름, 깨소금
고추장물 고추장(5), 물(5)

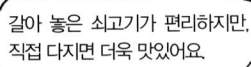
갈아 놓은 쇠고기가 편리하지만, 직접 다지면 더욱 맛있어요.

❶ 다진 쇠고기에 **쇠고기양념**하고,

❷ 달군 팬에 다시 쇠고기 볶다가 **고추장물** 넣어 저어가면서 볶고,

❸ 쇠고기가 걸쭉해지면, 꿀, 참기름, 잣을 넣어 약한 불에서 볶아서 식혀 주면 완성.

요리조리 이야기

한류를 몰고 올 우리의 약고추장

대장금의 인기로 음식에도 한류가 불고 있다지요. 특히 전주비빔밥이 인기라던데 비빔밥에 약고추장을 빼놓을 수 없지요. 만드는 법은 간단하지만 맛과 영양은 물론 활용도까지 높은 훌륭한 저장식 약고추장으로 비빔밥은 물론 쌈장이나 반찬으로 다양하게 활용해 보세요. 쇠고기 대신 돼지고기가 있다면 된장을 넣어 만들어 주면 돼요.

완전 모듬세트~
모듬장아찌

장아찌를 담그려면 맛있는 재료들을 모두 모아 모듬장아찌를 만들어 보아요. 아삭아삭~ 상큼한 맛은 물론 골라 먹는 재미까지 준답니다.

재료 준비하기
대표재료 무(1/4개), 오이(1개), 양파(1개), 사과(1/2개), 붉은 고추(2개), 풋고추(3개), 마늘종(1/2줌)
조림장 물(2컵), 간장(1컵), 설탕(3/4컵), 식초(1컵)

요리 하나 더

웅녀의 마늘장아찌

식초물 식초(1컵), 물(1/2컵)
절임간장 간장(5컵), 식초(1/2컵), 설탕(1/2컵)

1 마늘을 밀폐용기에 담아 식초물을 부어 5일 정도 삭혀서,

2 식초물은 따라 내고, 끓여서 식혀 놓은 절임간장 부어 3~4일 정도 삭혀,

3 2~3일 후 절임간장 따라 내어 팔팔 끓여 식혀, 다시 부어 냉장 보관하면 완성.

❶ 무, 오이, 사과는 나박 썰고, 양파, 풋고추, 마늘종도 먹기 좋게 썰고,

❷ 준비한 재료를 골고루 섞어 밀폐용기에 담아,

❸ 조림장 재료 넣고 팔팔 끓여서, 뜨거운 상태로 김치통에 붓고 식혀서 냉장고에 넣으면 완성.

Part 08

행복이 무르익는 김치

우리의 자랑스러운 김치는 이제 세상사람 다 알아 주는 국제적인 음식이 되어 그 진가를 뽐내고 있어요. 김치종주국인 대한민국 사람이 김치 담글 줄 몰라라 하면 우리 자존심 허락하지 않겠죠? "깐깐하게 고른 재료로 내손으로 직접 담근 맛있는 김치 열 시판김치 안 부럽다." 김치가 맛있게 익어 가면 우리 가족의 행복도 함께 익어갑니다.

설렁탕집 명품김치
넙적깍두기

설렁탕집에서 썰어 먹는 새콤하고 시원한
넙적깍두기 그 맛을 그대로 재현했습니다.
그래서 자매가 아끼는
명품김치 중의 하나지요.

 재료 준비하기

대표재료 무(1개 3kg), 쪽파(약간), 볶은 소금(1/2컵)
양념 고춧가루(2/3컵), 멸치액젓(2/3컵), 설탕(3), 다진 마늘(1), 다진 생강(1/2), 다진 새우젓(1)

❶ 무는 6cm 길이로 토막 내서 길이로 3~4등분하고, 볶은 소금에 30분 정도 살짝 절였다가 물은 따라 내고,

❷ 무에 고춧가루 조금 넣고 까불러서 일단 빨갛게 물들여 주고,

> 무가 물러지고 끈적거려서 뉴수가를 넣기도 하는데 그냥 편하게 설탕을 조금 넣어 주세요.

❸ **양념** 만들어서 쪽파와 함께 버무려,

❹ 밀폐용기에 담아 실온에서 1~2일 익혀서 냉장 보관하면 완성.

요리 하나 더

너무 쉬운~
깍두기

재료 무(1개), 볶은 소금
양념 고춧가루(1컵), 멸치액젓(1/3컵), 설탕(1), 다진 마늘(2), 다진 생강(1/2)

무를 깍둑 썰어 볶은 소금에 30분 정도 절였다 물기 따라 내고 양념에 버무려 주면 완성.

내손으로 담근 김치~
포기배추절이기

늦은 저녁에 배추를 절여서 다음날 아침 일찍 김치를 하면 절여진 정도가 딱 맞다는 거 김치 담가 보신 분들은 아마 다 아실 거예요. 또 절일 때에는 맛있는 물이 빠져 나가지 않게 속이 위로 오게 하고, 절인 배추를 헹궈서 물기 뺄 때는 속이 아래로 가게 엎어 두어야 물이 잘 빠져요.

 재료 준비하기

대표재료 배추(1포기), 굵은 소금(1/2컵)
소금물 물(4컵), 굵은 소금(1/2컵)

❶ 배추는 시든 겉잎은 떼어 내고 뿌리는 깔끔하게 잘라 칼집을 1/3 정도만 넣어 손으로 살며시 갈라 주고,

❷ 반 가른 배추 가운데 칼집을 넣어 소금에 잘 절여지게 손질해서,

❸ 소금물 만들어서 배추를 푹 담가 배춧잎 사이사이를 적셔 주고,

❹ 배추 뒤쪽 잎부터 하나하나 들춰가며 굵은 소금 뿌려서,

❺ 배추속이 위로 오게 해서 하룻밤(6시간 이상) 정도 절여 물에 헹궈 채반에 담아 물기 빼 주면 완성.

매운 음식은 나와 함께~
백김치

포기김치 담글 때 백김치도 함께 만들어 보세요.
매운 음식과 곁들이면 개운한 맛이 아주 그만이랍니다.

재료 준비하기

대표재료	배추(1포기), 굵은 소금, 볶은 소금(적당량)
소재료	쪽파(1줌), 무채(1줌), 마늘채(1), 생강채(1), 대추채(1), 실고추(약간)
소양념	까나리액젓(2), 설탕(1과1/2)
김치국물	멸치국물(6컵), 소금(1과1/2)

> 무를 볶은 소금에 절이면 쓴맛이 없어요. 백김치는 사각거리는 맛을 위해 4시간 정도만 절이세요.

❶ 배추는 앞장에 **포기배추 절이기**대로 절여 준비하고, 무도 볶은 소금에 1시간 정도 절이고,

❷ **소재료**에 **소양념** 넣어 고루 섞어 준비하고,

❸ 절인 배추 2~3잎마다 양념한 소 넣어,

❹ 겉잎으로 잘 감싸 밀폐용기에 담고,

> 멸치다시마국물이나 사골국물로 김치국물을 만들면 감칠맛이 더하지요.

❺ **김치국물** 만들어서 부어 주면 완성.

요리 하나 더

빨간 양념 발라 주면~ 포기김치

재료 배추(1포기), 무(1/4개)
양념 멸치액젓(1/3컵), 고춧가루(1컵, 입맛에 맞게 조절), 다진 마늘(2), 다진 생강(1/2), 배추 절인 물(1/3컵), 실파(1줌), 당근(1/2개)
찹쌀풀 찹쌀가루(2), 물(2컵)

양념과 찹쌀풀을 섞어 절인 배추에 고루 발라 주면 맛있는 포기김치 담그기도 문제 없어요.

내손으로 담근 예술
맛김치

엄마가 싸 주신 김치통을 들고 가는 날이면 버스 안에 진동하던 김치냄새. 그 냄새 모두 끌어 안고 나 몰라라 눈 꼭 감고 잠을 청했지요... 하지만 '에잇 나라고 못할 것 없지.' 엄마가 일러 주시는 대로 담가 본 맛김치 이거이거 예술입니다. 내손으로 김치를 담기 시작하던 그날부터 제 옆에는 김치통 대신 멋진 남학생이 앉았습니다.^^

재료 준비하기

대표재료 배추(1포기), 쪽파(1줌), 무(1줌), 굵은 소금
소금물 물(5컵), 굵은 소금(1컵)
양념 멸치액젓(1/2컵), 고춧가루(1컵), 다진 마늘(1), 설탕(2)
찹쌀풀 찹쌀가루(2), 물(2컵)

❶ 배추는 밑동을 자르고 시든 잎은 떼어 내고, 소금물에 4시간 정도 절여 씻어서 물기 빼고,

❷ 무는 나박 썰고 소금 뿌려 살짝 절여 주고,

❸ 절인 배추는 4cm로 썰어 준비하고,

❹ 양념에 찹쌀풀 쑤어 넣고 고루 저어서,

❺ 쪽파와 배추에 양념 고루 버무려 주면 완성.

요리 하나 더

신선한 즉석김치~ 배추겉절이

재료 배추(1/4포기), 쪽파(4cm로 썰기), 굵은 소금
양념 고춧가루(3), 다진 새우젓(1), 멸치액젓(1), 다진 마늘(1), 생강가루, 소금, 설탕, 깨, 참기름(약간씩)

1 배춧잎을 길이로 찢어 굵은 소금 뿌려 살짝 절이고,

2 물에 살짝 헹궈 물기 빼고 쪽파와 양념 넣고 고루 버무리면 완성.

폭탄고구마의 추억
동치미

선생님 드리려고 구워 왔다며 군고구마만큼이나 새까맣게 그을린 얼굴을 하고는 두 손으로 내밀던 폭탄고구마! 추운 겨울 장작불 지펴 고구마를 굽던 시골 아이들의 순박한 마음이 담긴 폭탄고구마와 정성 가득 담긴 어머니의 살얼음이 동동 뜬 동치미의 그 맛을 지금도 잊지 못합니다.

 재료 준비하기

대표재료 자그마한 무(3개), 배(1/2개), 삭힌 고추(5개), 마늘(5개), 생강(1쪽), 대추(5개)
소금물 물(5컵), 굵은 소금(1컵)
동치미국물 미지근한 물(8컵), 소금(2와 1/2), 설탕(2), 식초(2)

❶ 무는 깨끗이 씻어 껍질은 벗기지 말고 예쁘게 다듬어서 껍질이 부드러워질 때까지 **소금물**에 절여 주고,

배를 껍질째 넣으면 국물이 깨끗해요. 삭힌 고추는 시장이나 대형마트에 가면 있어요.

❷ 배는 4등분하고, 마늘과 생강은 편으로 썰어 주고, 삭힌 고추는 깨끗이 씻어 물기 빼서 준비하고,

❸ 먼저 마늘, 생강, 삭힌 고추 넣고 그 위에 무 올리고 **동치미국물** 만들어서 부어 주고,

❹ 뜨지 않게 무거운 것으로 눌러 밀폐용기에 담아 실온에서 3~4일 두었다 냉장 보관하면 완성.

요리 하나 더

개운하고 시원하게~
나박김치

재료 무(1/2개), 연한 배춧잎(5장), 배(1/2개), 실파(1줌), 미나리(1줌), 붉은 고추(2개), 생강(1/2), 마늘(1)
국물양념 물(14컵), 굵은 소금(2), 설탕(2), 고운 고춧가루(2)

1 무, 배춧잎, 배, 실파, 미나리는 적당히 썰고, 고추와 마늘, 생강은 채 썰어,

2 국물양념 만들어 붓고 실온에서 2~3일 두었다가 냉장고에 넣어 주면 완성.

힘내라! 파김치

눈뜨면 시작되는 전쟁 같은 일상 속에서
힘들고 지쳐 파김치되어 돌아온 날,
찬물에 말은 밥 위에 놓여진 잘 익은 파김치
하나가 힘내라며 위로해 주네요.

재료 준비하기

대표재료 쪽파(1단), 굵은 소금(1/4컵)
양념 멸치액젓(1/2컵), 고춧가루(1/3컵), 다진 마늘(1), 설탕(1)
찹쌀풀 물(1/2컵), 찹쌀가루(1과1/2)

❶ 쪽파는 다듬어서 깨끗이 씻어 물기 빼 주고,

❷ 굵은 소금에 절여 물기 빼서 멸치액젓 부어 잠시 두었다가,

쪽파의 흰 부분이 많이 절여지게 놓아 주세요.

❸ **찹쌀풀** 쑤어 식혀 두고, **양념**도 만들어 고춧가루 불려 주고,

❹ 절인 파를 몇 줄기씩 잡고 흰 부분부터 양념 발라 고루 버무려 주고,

❺ 꺼내 먹기 좋게 몇 가닥씩 타래지어 밀폐용기에 꾹꾹 눌러 담아 주면 완성.

빨리빨리~
깻잎김치

한국 사람들 성격 급합니다.
하지만 '빨리빨리'로 초고속 인터넷 강국이자
IT산업의 선두주자가 되었습니다.
그렇다면 우리 성격대로 한두 시간이면
숙성되는 향긋하고 맛깔스런 빨리빨리
깻잎김치도 만들어 봅시다.

재료 준비하기
대표재료 깻잎(20묶음), 채 썬 밤, 붉은 고추, 당근(약간씩)
밑간양념 간장(1/2컵), 멸치액젓(1/4컵)
양념장 조림간장(5), 다진 마늘(1), 고춧가루(2), 물엿(2), 깨(1), 레드와인(1)

❶ **깻잎**은 흐르는 물에 깨끗이 씻어 물기 빼고,

❷ **밑간양념**해서 절였다가 꼭 짜 주고,

❸ **양념장**에 채 썬 밤, 붉은 고추, 당근 넣고 10장마다 발라 밀폐용기에 차곡차곡 담아 주면 완성.

요리 하나 더

조금 기다려요~
된장깻잎김치

재료 깻잎(100장)
소금물 굵은 소금(1/3컵), 물(2컵)
된장양념장 된장(3), 설탕(1), 편으로 썬 마늘

1 소금물에 손질한 깻잎 넣고 돌로 눌러 3~4일 정도 절여 두었다가,

2 물기 꼭 짜서 된장양념장 얹어 일주일 정도 삭히면 완성.

완전 반했어~
갓김치

톡 쏘는 매운 맛이 너무나 매력적인 갓김치는 겨울철에도 녹황색 채소를 먹기 위해 담갔던 전라도 김치예요. 봄·가을에 나오는 부드러운 갓으로 충분히 숙성시켜 하나씩 꺼내 먹으면 매력적인 그 맛에 완전 반한다니까요.

 재료 준비하기

대표재료 돌산갓(1단)
소금물 물(3컵), 굵은 소금(2/3컵)
찹쌀풀 물(1/2컵), 찹쌀가루(1)
양념 양파(1/2개), 마늘(5쪽), 생강(1톨), 마른 고추(2개), 고춧가루(1컵), 멸치액젓(1/2컵)

요리조리 이야기

어떤 갓으로 갓김치를 담는 걸까?

청갓 푸른빛의 청갓은 향이 연해서 동치미나 백김치에 사용하지요.

홍갓 붉은 보랏빛이 돌고 향이 강한 홍갓은 배추김치 담글 때 사용한답니다.

돌산갓 갓김치는 바로 이 돌산갓으로 만들지요. 노지에서 자란 돌산갓은 톡 쏘는 매운 맛이 아주 좋답니다.

❶ 깨끗이 씻은 갓은 **소금물**에 절이고,

❷ **찹쌀풀** 쑤어서 식히고,

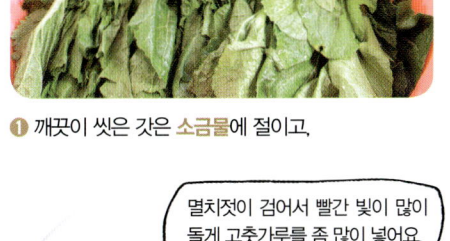
> 멸치젓이 검어서 빨간 빛이 많이 돌게 고춧가루를 좀 많이 넣어요.

❸ 마른 고추는 씨 빼고 물에 불려 다른 **양념** 재료와 함께 넣고 블렌더에 갈아 찹쌀풀과 섞고,

> 푹 익혀야 맛있으니 실온에서 어느 정도 익혀 냉장 보관하세요.

❹ 3~4줄기씩 잡고 양념 발라 꺼내 먹기 좋게 밀폐용기에 차곡차곡 담아 주면 완성.

Part 09

야심만만 솜씨만만 별미반찬

집들이나, 생일상, 손님초대 등의 특별한 날이나 별일은 없지만 여유로운 주말저녁 조금은 특별하고 맛있는 나만의 별미 요리로 솜씨자랑해 보세요. 손이 더 가더라도 요리의 목적은 첫째도 둘째도 맛있게 먹고 건강해지는 것이니 조금 더 신경써 봐요. 요리하는 사람은 맛있게 먹는 것을 보는 그 순간이 가장 뿌듯하고 행복하잖아요.
자, 야심차게 준비하는 별미반찬으로 솜씨자랑해 볼까요?

오븐 없이 가는 거야!~
베이비립

소스 발라 구워 내는 베이비립은 원래 오븐이 꼭 있어야 하지만 자매의 자취방 사정상 그냥 냄비에 향신재료 넣고 삶아 소스 발라서 전자레인지에 돌려 보았더니 어머~ 어머... 똑같아~ 똑같아...
그래 좋아, 오븐이 없어도 가는 거야~~~

 **재료 준비하기**

대표재료 등갈비(1kg), 화이트와인(1/3컵)
향신재료 마늘(4개), 대파(1대), 생강(1톨), 월계수잎(3장), 통후추(1/3)
BBQ소스 토마토케첩(1/3컵), 우스터소스(3), 레몬즙(2), 식초(1), 칠리소스(1), 머스터드소스(2), 다진 마늘(1), 다진 양파(1/4개분), 흑설탕(3), 식용유(2)

❶ 등갈비는 찬물에 담가 2~3시간 핏물 빼고,

❷ 등갈비가 잠길 만큼 물 부어 끓이다 첫물은 버리고,

❸ 다시 물 부어 **향신재료** 넣고 15분 정도 팔팔 끓이다.

❹ 화이트와인 붓고 좀더 끓이다 건져서,

❺ BBQ소스 앞뒤로 발라 간이 배게 해서,

❻ 전자레인지에 앞뒤로 뒤집어 가며 1분씩 구워 내면 완성.

> 전자레인지의 세기가 다를 수 있으므로 안을 잘 살펴 가며 타지 않게 구워 내세요.

요리조리 이야기

BBQ소스 만들기

1 식용유 두르고 다진 마늘과 양파 넣어 볶다가,
2 나머지 재료 넣고 BBQ소스 만들어 끓여서,
3 체에 걸러 주면 완성.

119를 불러 줘요
매운 등갈비

패밀리 레스토랑의 인기절정 베이비립에 이어 일산에는 등갈비 골목이 생겨날 정도로 돼지갈비의 또 다른 전성기예요.
소스 발라 오븐에 굽거나, 볶음이나 찜처럼 매운양념에 볶아 주거나, 허브솔트를 직접 뿌려 가며 굽는 방식 등
그 버전도 참 다양해 대중의 입맛 사로잡기에 손색이 없어요.

 **재료 준비하기**

대표재료 등갈비(1kg)
향신재료 대파(1대), 마늘(5쪽), 통후추(1/3)
매운양념 청양고추(갈아서 5), 고춧가루(5), 고추장(2), 물엿(2), 설탕(1), 참기름(1), 간장(1), 다진 파(2), 다진 마늘(1)

❶ 등갈비는 찬물에 담가 2~3시간 핏물 빼고,

❷ 등갈비가 잠길 만큼 물 부어 끓이다 첫물은 버리고,

❸ 다시 물 부어 **향신재료** 넣고 1시간 정도 푹 삶아,

삶은 다음 양념을 해야 질기지 않아요.

❹ 삶은 등갈비 건져 1대씩 가위로 잘라,

❺ 청양고추를 블랜더에 갈아 **매운양념** 만들어 끓여서,

❻ 등갈비 넣고 간이 배게 저어 가며 끓여 내면 완성.

요리 하나 더

입안이 얼얼~ 불닭

재료 닭안심살(1팩), 생강(1쪽)　**양념장** 청양고춧가루(3), 고추장(1), 간장(3), 설탕(1), 물엿(1), 다진 마늘(1), 생강가루(1/3), 후춧가루, 참기름

1 생강 넣고 끓인 물에 닭살을 반쯤 익혀,
2 양념장에 버무려 30분쯤 재워 두었다가 팬에 살짝 볶아,
3 달군 석쇠에 센 불로 시작해서 약한 불에서 완전히 익혀 주면 완성.

만족스러운 중국요리
깐풍기

'깐풍'이라 함은 국물 없이 소스를 묻히듯 버무려 내는 중국요리를 말해요. 닭고기면 '깐풍기', 새우면 '깐풍새우', 돼지고기면 '깐풍육' 이라고 하지요. 닭을 1차로 한번 튀겨 놨다가 상에 내기 직전에 다시 한번 바삭하게 튀겨 소스에 버무려 주면 아주 만족스런 요리를 만들 수 있답니다.

재료 준비하기

대표재료 닭안심살(1팩), 양파(1/4개), 대파(1/2대), 청양고추(1개), 붉은 고추(1개)
밑간양념 카레가루(1/2), 청주(2), 생강가루, 후춧가루, 소금, 식용유
튀김옷 녹말(5), 계란(1개)
고추기름 고춧가루(1), 식용유(4)
깐풍소스 간장(2), 굴소스(2), 물엿(2), 식초(2), 청주(2), 레몬즙(1), 물(3), 다진 마늘(1), 참기름(1/2), 생강가루, 후춧가루

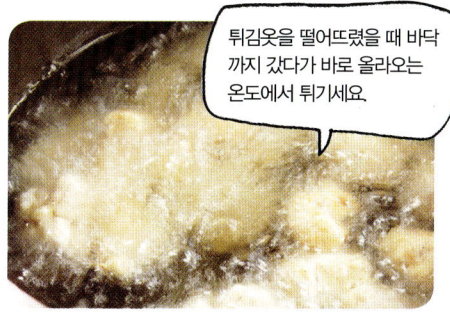

❶ 닭안심살은 한입 크기로 잘라 **밑간양념**해 주고,   (안심살의 하얀 힘줄은 잘라 내세요.)

❷ **튀김옷** 입혀서 식용유에 1차로 튀겨 체에 걸러 식혔다가,   (튀김옷을 떨어뜨렸을 때 바닥까지 갔다가 바로 올라오는 온도에서 튀기세요.)

❸ **고추기름** 두르고 다진 양파, 대파, 고추 볶다가,   (고춧가루에 식용유 넣어 전자레인지에 돌려 주면 고추기름 만들어지는 거 아시죠?)

❹ **깐풍소스** 넣고 잠시 바글바글 끓이고,

❺ 높은 온도에서 색이 나게 다시 한번 튀겨,

❻ 튀긴 닭에 깐풍소스가 고루 묻도록 재빨리 버무려 내면 완성.

요리 하나 더

탕탕탕탕~ 탕수육

재료 돼지고기(2줌), 파인애플(2조각), 옥수수통조림(1/2컵), 오이(1/2개), 식용유, 참기름   **고기밑간** 청주(1), 소금(1/3), 간장(1/3), 후춧가루
튀김옷 녹말(1/2컵), 물(2), 계란흰자(1개), 식용유(1)   **탕수소스** 물(1/2컵), 설탕(1/3컵), 간장(2), 식초(6)   **녹말물** 녹말(4), 물(4)

1 길쭉하게 썬 돼지고기에 튀김옷 입혀 노릇하게 튀겨 잠시 식혔다가 다시 한번 튀겨 색 내고,
2 탕수소스 끓이다가 파인애플, 옥수수, 오이 넣어 익히고,
3 녹말물로 걸쭉하게 소스 농도 맞추고 참기름 한 방울 떨어뜨리면 완성.

요리조리 자매가 접수한
돼지고추장불고기

자매가 사는 동네는 숯불고기로 유명한 마포이기도 하지만 늘 활기 넘치는 젊음의 거리 홍대여서 밤낮없이 불판 위에서 지글지글 불 꺼질 날이 없어요. 오랜 단골집 중에 고추장불고기를 남달리 잘하는 집이 있는데, 밑간양념으로 인스턴트 커피를 조금 넣으면 냄새가 안 나고 맛있다는 얘기를 사장님이 해 주시더군요. 요리조리 자매 바로 접수 들어갔지요.^^

 **재료 준비하기**

대표재료 돼지고기(삼겹살 1근), 마늘(5쪽), 쌈야채, 양배추, 부추(적당량)
밑간양념 청주(2), 커피(1/3)
불고기양념 물이나 육수(1/2컵), 고추장(3), 고춧가루(2), 간장(1과1/2), 설탕(2), 물엿(2), 청주(2), 양파즙(2), 다진마늘(2), 참기름(2), 깨소금(1), 생강가루, 후춧가루
겨자장 연겨자(1/3), 간장(2), 식초(1), 설탕(1/2), 사이다(2), 물(2)

❶ 삼겹살에 **밑간양념**해서 냄새 제거하고,

양파를 강판에 갈아 넣으면 다진 것보다 구울 때 덜 타게 되지요.

❷ **불고기양념** 만들어 삼겹살에 버무려 냉장고에 30분 정도 넣어 두었다가,

❸ 마늘은 도톰하게 져며 썰고 쌈야채도 흐르는 물에 깨끗이 씻어 준비하고,

❹ 양배추와 부추는 알맞게 썰어 찬물에 담갔다 **겨자장** 뿌려 양배추샐러드 만들고,

❺ 로스팬에 양념한 삼겹살 맛있게 구워 주면 완성.

요리조리 이야기

돼지고기의 부위별 용도

1 **등심** 불고기, 스테이크, 돈가스
2 **갈비** 찜, 바비큐, 구이
3 **안심** 스테이크, 구이
4 **삼겹살** 구이, 베이컨
5 **다리살(사태, 도가니)** 장조림, 수육
6 **족** 찜, 수육

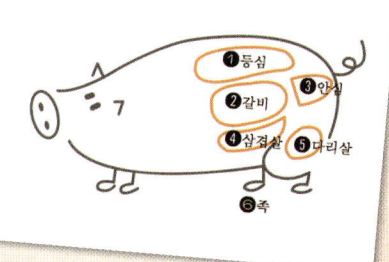

Part 10

매일 먹어도 맛난 세상
매일국

오늘은 무슨 국을 끓일까? 수십 년 밥상을 차려 온 할머니도 매일 하게 되는 고민이래요. 들어가는 재료나 양념에 따라 이름이 달라지는 수십 가지의 국 중에서 우리 가족이 좋아하는 재료와 조리법으로 만드는 국을 열개 정도 선정해 우리가족 18번 국리스트로 만들어 보세요. 그리고 그걸 돌아가며 끓여 내면 어느 정도의 국 걱정은 붙들어 매도 좋을 것 같습니다.

활기찬 아침을 위하여~
팽이버섯계란국

찌개에 넣으려고 한 봉지만 사고 싶은데 팽이버섯은 꼭 여러 개씩 묶어 팔아요.
하는 수 없이 신선할 때 지지고 볶고 여기저기 넣어야죠. 계란만 들어가 조금은 심심했었는데 팽이버섯을 넣으니
쫄깃하게 씹혀 아침부터 기분이 좋아지네요.

재료 준비하기

대표재료 팽이버섯(1봉지), 실파, 당근(약간씩), 참기름(1/3)
다시마물 물(5컵), 다시마(10cm 1장)
계란물 계란(2개), 청주(1), 소금, 후춧가루

팽이버섯을 봉지째 자르면 부서지지 않고 깔끔해요.

❶ 팽이버섯의 밑동은 자르고 흐르는 물에 씻어 적당히 찢어 주고,

❷ 실파는 3cm 길이로 썰고, 당근은 채 썰어 준비하고,

❸ 계란물 만들어 섞어 두고,

❹ 물(5컵)에 다시마 넣고 불렸다가 끓여서 기포 생기면 다시마 건져 내어, **다시마물** 만들어,

❺ 국물이 끓을 때 한 젓가락씩 넣어 주고 끓어오르면 참기름 떨어뜨리고 소금 간 하면 완성.

요리조리 이야기

팽이버섯 이야기 팽이버섯은 일식요리에서 즐겨 사용하던 재료로 10년 전만 해도 고급식당에서나 볼 수 있었지요. 하지만 간단한 재배법이 급속도로 보급된 지금은 값싸고 흔한 버섯이 되었어요. 하지만 각종 찌개나 전골, 볶음을 비롯해서 거의 모든 음식에 들어가도 괜찮을 만큼 성격 좋은 녀석이지요.

웰컴투~ 대관령황태국

북어 중에서도 최고의 상품으로 치는 황태는 강원도 산간지대에서 눈바람 맞혀 가며 얼렸다 녹이기를 반복해서 만든대요. 명태, 동태, 생태, … 그 중에 황태만이 황색 옷을 입었어요. 옛날에 황금색 옷은 임금님만 입었잖아요. 최고라는 얘기지요. 그나저나 강원도 산간이라면 웰컴투 동막골 그 동넨가요???

재료 준비하기

대표재료 황태(1/2마리), 콩나물(1줌), 두부(1/4모), 붉은 고추(1개), 실파(약간), 국간장(1), 소금
국물재료 물(10컵), 황태대가리(1개), 무(1/2토막), 다시마(5cm 1장), 양파(1/4개), 대파(1/2대), 마른 고추(1개)
황태양념 다진 마늘(1/2), 참기름(1), 후춧가루

❶ 국물재료 넣고 끓여 육수 만들고, (끓기 시작하면 다시마는 건지고 약한 불에서 뭉근히 육수를 우려내세요.)

❷ 콩나물은 깨끗이 씻어 물기 빼고, 두부와 고추, 실파도 적당히 썰어 준비하고,

❸ 황태는 물에 살짝 담갔다가 부드럽게 해서 살을 찢어,

❹ 황태양념해서 달달 볶아,

❺ 만들어 놓은 육수 붓고 끓어오르면 콩나물 넣어 끓이다가, (끓으면서 나오는 거품은 걷어 맑은 국물을 만들어 주세요)

❻ 국간장, 소금으로 간 하고 붉은 고추와 실파 넣고 좀더 끓여 주면 완성.

요리 하나 더

해장국하면~ 북어국

재료 북어포(1줌), 계란(1개), 대파(1/2대), 들기름(1)
멸치다시마국물 물(4컵), 국멸치(5마리), 다시마(5cm)
양념 국간장(1), 다진 마늘(1/2), 소금, 후춧가루

1 북어포를 찬물에 불려 물기를 짜서 들기름 두르고 달달 볶아,

2 멸치다시마국물 부어 끓이다가 양념 넣고 계란 풀고, 어슷 썬 대파 넣으면 완성.

감자가 좋아~
매운감자국

먹어도 먹어도 질리지 않는 감자로 오늘은 버섯매운탕 맛 나는 빨간 감자국을,
내일은 구수하고 담백한 맑은 감자국을 끓여 보세요.

 **재료 준비하기**

대표재료 깍둑 썬 감자(2줌), 표고버섯(1개), 대파(1/2대), 양파(1/2개)
양념 고추장(1), 국간장(1/3), 다진 마늘(1/3), 소금, 고춧가루
멸치다시마국물 물(4컵), 멸치(5마리), 다시마(10cm 1장)

❶ 감자와 표고버섯은 깍둑 썰고 양파도 비슷한 크기로 썰어 준비하고,

❷ **멸치다시마국물** 만들어 끓여서,

❸ 고추장(1), 다진 마늘(1/3), 감자 넣고 끓이다가,

❹ 감자가 어느 정도 익으면 표고버섯과 양파, 국간장(1/3)도 넣어 주고,

식성에 따라 고춧가루의 양을 조절하세요. 청양고추를 넣어도 좋아요.

❺ 마지막으로 고춧가루와 대파 넣고 소금 간 하면 완성.

요리 하나 더

맑고 깨끗한 맑은감자국

재료 채 썬 감자(2줌), 채 썬 양파(1/2줌), 채 썬 당근(1/2줌), 대파(1/2대), 참기름, 식용유
멸치다시마국물 물(4컵), 멸치(5마리), 다시마(5cm 1장)

1 달군 냄비에 참기름, 식용유 두르고 야채 넣어 볶다가,
2 멸치다시마국물 붓고 끓여서 소금 간 하면 완성.

날개를 달자~
콩가루냉이국

'옷이 날개'라는 말 있잖아요. 결점이나 체형을 자신에게 맞는 디자인과 색상으로 보다 아름답게 커버한다면 이것이 바로 날개를 다는 게 아닐까요? 저도 날씬해 보이는 착시효과를 가진 날개를 몇 개 소유하고 있지요.^^
냉이도 콩가루 옷 입혀 놓고 보니 뽀얀 것이 냉이지 누군지 잘 못 알아보겠는걸요.

 **재료 준비하기**

대표재료 냉이(2줌), 콩가루(3)
양념 된장(1), 국간장(1)
멸치다시마국물 물(4컵), 국멸치(5마리), 다시마(5cm 1장)

❶ 냉이는 누런 잎은 떼고 뿌리는 칼로 긁어 깨끗이 씻어 물기 빼고,

❷ 냉이에 콩가루(3) 버무려 옷 입히고,

❸ **멸치다시마국물** 만들어 **양념**하고, 물이 끓어오르면 냉이 넣고,

뚜껑을 덮으면 콩가루가 다 넘치고 냉이가 콩가루 옷을 제대로 입지 못한답니다.
❹ 뚜껑 덮지 말고 숟가락으로 살짝 눌러 익히고,

❺ 은근한 불에서 끓여 주면 완성.

요리조리 이야기

유전자 변형식품(GMO) 이야기

콩으로 만든 제품인 두부, 연두부, 순두부 등을 고르다 보면 가격 차이가 두 배 이상이 나는 제품들을 볼 수 있어요. 이것은 미국산 유전자 변형(GMO) 콩으로 만든 제품인데요. 싸면 좋긴 하지만 문제는 서로 교배가 불가능한 다른 생물의 유전자를 인위적으로 이식해서 만든 GMO가 인체에 어떠한 영향을 미치는가에 대한 아무런 검증이 없다는 것이지요. 이에 대해 국제적으로 수입 거부 등의 논란이 계속되고 있는 가운데 우리도 원산지를 꼭 확인하고 우리 땅에서 자라 우리가 만든 식품으로 우리 가족 건강 지켜갑시다.

숟가락이 멈춰지지 않아~
시금치된장국

예전에 엄마들이 시금치 먹으면 뽀빠이처럼 힘이 세진다고 하면 그 당시 우리들은 한 그릇 뚝딱 그냥 통했었지요.
하지만 뽀빠이를 잘 모르는 요즘 아이들도 시원하고 달큰한 시금치된장국 앞에선 한 그릇씩 뚝딱
숟가락이 멈춰지지 않더군요.

 **재료 준비하기**

대표재료 시금치(1줌), 대파(1/2대), 붉은 고추(1개), 굵은 소금
양념 된장(2), 고추장(1/2), 다진 마늘(1/2), 국간장(1)
멸치다시마국물 물(5컵), 국멸치(5마리), 다시마(5cm 1장)

❶ 손질한 시금치는 끓는 소금물에 살짝 데쳐서 찬물에 헹궈 먹기 좋게 썰고, 대파와 붉은 고추도 준비하고,

❷ 멸치다시마국물 만들어서,

조개국물을 내도 시원하고 잘 어울려요.

❸ 된장(2), 고추장(1/2) 체에 걸러 풀고,

❹ 국물이 끓어 오르면 시금치 넣고,

시금치는 끓을 때 넣어야 변색이 덜해요.

❺ 국간장, 소금으로 간 맞추고, 붉은 고추, 대파, 다진 마늘 넣으면 완성.

요리 하나 더

원기회복에 좋은
아욱토장국

재료 아욱(2줌), 마른 새우(1/4컵), 감자(2개), 대파 **멸치다시마국물** 물(5컵), 국멸치(5마리), 다시마(5cm 1장) **양념** 된장(2), 고추장(1/2), 다진 마늘(1/2), 소금

1 아욱은 주물러 씻어 먹기 좋게 썰고,
2 멸치다시마국물 내서 된장과 고추장 풀어,
3 감자 넣고 끓이다가 아욱, 다진 마늘, 마른 새우, 대파 넣으면 완성.

조개가 주는 감칠맛
냉이된장국

조개국물로 국을 끓이면 국물이 더욱 시원하고 감칠맛난다는 거 다 아시죠. 하지만 번거롭다는 이유로 그냥 대충 화학조미료 같은 거 넣고 그러시는 건 아닌가요? 이제부터 조개나 멸치다시마국물을 한번에 왕창 내서 1회분씩 비닐팩에 담아 냉동실에 얼려 두세요. 이것이 바로 우리가족 웰빙의 시작입니다.

 **재료 준비하기**

대표재료 냉이(1줌), 붉은 고추(1개)
조개국물 모시조개(1줌), 청주(1/2), 소금
냉이양념 된장(3), 고춧가루(1/2), 다진 마늘(1/2), 대파(1/2대)

❶ 냉이의 누런 잎은 떼어 내고 뿌리는 칼끝으로 살살 긁어 손질하고,

❷ 찬물에 흔들어 씻어 물기 빼고,

❸ 끓는 소금물에 냉이 넣고 살짝 데쳐 **냉이양념**하고,

> 미리 양념을 해서 된장국을 끓이면 냉이와 국물 모두 깊은 맛이 난답니다.

❹ 해감한 모시조개와 청주(1) 넣고 끓이다 입 벌리면 조개는 건지고 앙금은 가라앉혀 가만히 국물만 따라 내어,

> 모시조개는 굵은 소금 넣어 바닷물과 비슷한 농도의 물에서 해감해 주세요.

❺ **조개국물** 끓이다가 양념한 냉이, 모시조개, 붉은 고추 넣고 끓이다 소금 간 하면 완성.

요리조리 이야기

천연조미료 만들기

다시마, 멸치, 표고버섯, 마른 새우 등으로 천연조미료를 만들어 두면 따로 국물 낼 불편함도 덜고 국물요리 뿐만 아니라 볶음, 조림 등 다양한 요리에 맛을 한단계 업시켜 주지요. 그동안 번거롭고 귀찮을 것 같아 그냥 버릇처럼 화학조미료를 쓰진 않으셨나요? 하지만 천연조미료라 해서 거창하고 어려운 일이 아니라 잘 건조된 재료를 툭툭 잘라 블랜더에 넣고 갈아 주면 뚝딱하고 만들어지는 정말 쉬운 일이랍니다.

순수하고 깊은 맛
전주 콩나물국밥

전주에 사는 귀염둥이 조카를 만나러 가는 길에 보면 전주는 맛의 고장답게 곳곳에 음식점들이 참 많아요. 지난번에는 최근 체인점이 늘고 있는 전주콩나물국밥을 먹어 볼 기회가 있었는데 그 맛을 기억했다가 집에 와서 재현해 보았습니다. 전주콩나물국밥만의 순수하고 깊은 국물 함께 맛보세요.

 재료 준비하기

대표재료 콩나물(1줌), 배추김치(1줌), 청양고추(1개), 대파(1/2대), 새우젓, 들깨가루, 소금
육수재료 물(5컵), 다시마(5cm 2장), 국멸치(5마리), 무(1/2토막), 양파(1/4개)

콩나물 삶은 물은 육수로 함께 쓰니 버리지 말고 잘 두세요.

❶ 김치와 대파는 송송 썰고, 씨를 뺀 청양고추는 다지고, 콩나물도 삶아 찬물에 헹궈 물기 빼고,

기포 생기고 끓기 시작하면 다시마 꺼내고, 나머지는 뭉근한 불에서 20분 정도 우린 다음 꺼내세요.

❷ 육수재료 넣고 끓여 국물 만들고, 콩나물 삶은 물도 함께 넣어 끓이다 새우젓과 소금으로 간 하고,

국물만 내면 국이지만 밥을 직접 말아 주면 국밥이 되지요.

❸ 그릇에 밥 담고 따끈한 콩나물육수 붓고, 준비해 둔 콩나물과 김치, 대파와 청양고추 얹어 내면 완성.

요리 하나 더

얼큰하고 시원한
콩나물국

재료 콩나물(2줌), 대파(1줌), 청양고추, 붉은 고추
양념 다진 마늘(1/2), 고춧가루(1/2), 소금

1 멸치다시마국물이 끓을 때 콩나물 넣고 뚜껑 덮어 끓이다가,

2 다진 마늘, 고춧가루 넣고, 소금 간 하고 대파, 청양고추, 붉은 고추 넣으면 완성.

요긴한 비상식량
얼갈이배추국

얼갈이배추를 삶아 냉동실에 넣어 두면 시간 없고 바쁠 때 너무 요긴한 비상식량이 돼요. 멸치다시마국물 만들어 팔팔 끓을 때 냉동된 얼갈이 넣고 된장 풀어 주면 금새 시원하고 깔끔한 맛의 된장국이나 아픈 속을 달래 주는 해장국이 뚝딱하고 만들어지니까요.

 재료 준비하기

대표재료 얼갈이배추(1줌)
양념 된장(2), 고춧가루(1), 들깨가루(1), 다진 청양고추(1), 다진 마늘(1/2)
멸치다시마국물 물(4컵), 국멸치(5마리), 다시마(5cm 1장)

요리 하나 더

근데말이야~ 근대된장국

1 근대는 주물러 씻어 끓는 물에 데쳐 주고.
2 멸치다시마국물에 된장 풀고 근대와 다진 마늘 넣고 끓이다 대파, 붉은 고추 넣고 국간장으로 간 하면 완성.

❶ 멸치다시마국물 만들어 준비하고.

얼갈이배추를 삶아서 냉동실에 보관해 두면 언제든지 국을 끓일 수 있어요.

❷ 얼갈이배추는 깨끗이 씻어 끓는 소금물에 데쳐 썰고.

❸ 멸치다시마국물에 된장(2) 풀고 나머지 **양념**도 넣어 주고, 마지막에 들깨가루(1) 넣으면 완성.

입이 활짝 맛도 활짝~
모시조개국

조개는 오래 끓이지 말고 입 벌리면 바로 불 끄고 조개는 건지고 국물을 내세요. 오래 끓이면 모시조개의 통통한 살이 질겨지거든요.

재료 준비하기

대표재료 모시조개(10개), 청양고추(1개), 마른 고추(1개), 송송 썬 실파(2), 다진 마늘(1/2), 소금
국물재료 물(6컵), 다시마(10cm 1장), 대파(1/2대), 청주(1)

❶ 해감한 모시조개는 바락바락 문질러 씻거나 칫솔로 하나하나 깨끗이 닦아 주고,

> 국물을 가만히 두었다가 해감을 가라앉혀 맑은 물만 따라 내어도 돼요.

❷ **국물재료** 넣고 국물 내서 모시조개 넣고 센 불에서 끓여 입 벌리면 조개는 건지고 좀더 끓이다 맑은 물만 체에 거르고,

> 마른 고추는 깨끗이 씻어 씨 빼고 가로로 어슷하게 잘라 주세요.

❸ 조개국물에 모시조개를 비롯한 **대표재료** 모두 넣고 끓이면 완성.

요리 하나 더

속 시원한~
재첩국

재료 재첩(2줌), 물(3컵), 실파나 부추
양념 청주(1), 소금, 후춧가루

1 찬물에 재첩 넣고 뚜껑 덮어 끓이다 입이 벌어지면 양념하고 재첩은 건져 두고,

2 국물은 면보에 걸러 끓여서 송송 썬 실파나 부추 얹어 내면 완성.

소박한 이야기
어묵국

최근에 2평 정도 되는 일명 '오뎅빠'라는 곳이 많이 생겨났어요. 물론 다른 안주들도 있긴 하지만 그곳에서는 대부분 테이블에 놓인 어묵을 안주 삼아 술잔을 기울이지요. 추운 겨울 김을 모락모락 피우며 유혹하는 길거리 포장마차나 오뎅빠에 가면 오늘도 서민들의 소박한 이야기가 흘러나옵니다.

재료 준비하기

대표재료 길쭉한 어묵(3개), 나박 썬 무(1줌), 대파(1/2대), 쑥갓
국물재료 국멸치(5마리), 다시마(5cm 1장), 마른 고추(1개), 대파(1/4대)
양념 다진 마늘(1/3), 국간장(1), 소금, 후춧가루

요리 하나 더

빼 먹는 재미
어묵꼬치국

양념간장 간장(3), 설탕(1/2), 송송 썬 실파(2), 붉은 고추(1/2개)

여러 가지 모양의 어묵을 꼬지에 예쁘게 꽂아 맛있는 국물에 팔팔 끓여 하나씩 쏙쏙 빼서 양념간장에 찍어 먹는 재미도 쏠쏠하지요.

❶ **국물재료** 넣고 끓여서 육수 만들고,

어묵은 끓는 물에 데쳐 먹기 좋은 크기로 어슷어슷 썰어 미리 준비하세요.

❷ 육수에 나박 썬 무 넣고 끓이다가 끓어오르면 어묵 넣어 주고,

❸ **양념**하고 대파와 쑥갓 넣으면 완성.

국물이 개운한
조개미역국

그냥 미역만 넣어도 맛있지만 생일날에는 쇠고기 안 들어가면 왠지 서운할 것 같아 쇠고기미역국을, 시원한 바다를 그대로 느끼려면 국물이 개운한 바지락이나 홍합을 넣은 조개미역국을, 가끔은 닭살을 찢어 넣거나 흰살생선을 넣은 스페셜한 미역국으로 다양하게 즐겨 보아요.

 **재료 준비하기**

대표재료 불린 미역(2줌), 바지락살(1/2컵), 물(8컵)
양념 국간장(1), 다진 마늘(1/2), 참기름(1), 소금

❶ 바지락살은 옅은 소금물에 흔들어 씻어 물기 빼고,

> 미역은 미리 불려 준비해 주세요.

❷ 참기름 두르고 불린 미역 볶다가 바지락도 볶아 주고,

> 쌀뜨물에 끓이면 구수한 맛이 더해져요.

❸ 물(8컵) 붓고 끓기 시작할 때 국간장(1), 다진 마늘(1/2) 넣고 소금 간 하면 완성.

요리 하나 더

**해피버스데이~
쇠고기미역국**

재료 불린 미역(2줌), 쇠고기(1줌), 물(8컵)
쇠고기양념 간장(1/2), 참기름(1/2), 다진 마늘(1/2), 후춧가루
양념 국간장(1), 소금

1 쇠고기는 잘게 썰어 쇠고기 양념해서 볶다가 불린 미역도 볶아 주고,

2 물(8컵) 부어 끓이다가 국간장(1), 소금으로 간 하면 완성.

맘 편한 탕국

오래 끓일수록 맛이 우러나오는 탕국은 제사음식으로 꼭 올리는 국이에요. 하지만 그냥도 가끔 먹으면 또 다른 느낌으로 언제나 마음을 편하게 해 주는 국이랍니다.

 재료 준비하기

대표재료 쇠고기(국거리 1줌), 무(1토막), 두부(1/4모)
양념 마늘(3개), 국간장(1), 소금

요리 하나 더

힘이 솟는 쇠고기무국

재료 쇠고기(국거리 1줌), 무(1토막), 대파(1/2대), 물(5컵)
쇠고기양념 국간장(1), 다진 마늘(1/3), 소금, 후춧가루

1 무는 얄팍하게 나박 썰고 파는 송송 썰어 두고, 쇠고기에 조물조물 쇠고기양념 하고,

2 물(5컵) 붓고 끓이다가 양념한 쇠고기와 무 넣고,

3 무가 투명해지면 국간장이나 소금으로 간 하고 파 넣으면 완성.

❶ 무와 두부는 깍둑 썰어 준비하고,

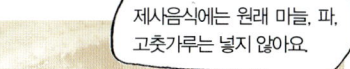

💬 제사음식에는 원래 마늘, 파, 고춧가루는 넣지 않아요.

❷ 먹기 좋게 썬 쇠고기와 마늘(3개) 넣고 끓이다가,

❸ 마늘은 건지고 국간장(1), 깍둑 썬 무와 두부 넣고 푹 끓여 소금 간 하면 완성.

Part 11

보글보글 소리까지 맛있는
찌개

"김치찌개 보글보글 끓여 놓을 테니 일찍 들어오세요.~" 사랑스런 아내가 맛있는 김치찌개를 미끼로 남편의 이른 귀가를 당부합니다. 오랫동안 길들여진 손맛으로 끓여 내는 어머니의 된장찌개를 우리는 평생 잊지 못합니다. 맛깔스럽게 잘 끓여 낸 찌개 하나면 별다른 반찬이 없어도 "정말 잘~먹었다" 는 소리를 듣게 됩니다. 그래서 우리네 밥상 가장 한가운데에서 중심을 잡고 있나 봅니다. 이제 내가 사랑하는 아내로, 사랑스런 아이의 어머니로 국물만큼이나 진하고 맛있는 기억을 남겨 줄 차례입니다.

설레는 마음
달래된장찌개

늘 먹는 된장찌개에 오늘은 향긋한 달래 한줌 넣었더니 우리집 밥상에 봄바람이 부네요.
치맛자락에 살랑살랑 불어오던 봄바람 탓일까 봄이면 소녀처럼 마냥 설레는 마음... 달래로 달래 보아요.

 **재료 준비하기**

대표재료 달래(1/2줌), 표고버섯(2개), 두부(1/4모), 대파(1/2대), 풋고추(1개), 붉은 고추(1개)
양념 된장(2), 고춧가루(1/2)
멸치다시마국물 쌀뜨물(3컵), 국멸치(5마리), 다시마(5cm 1장)

된장은 깔끔하게 체에 걸러 풀어 주세요

❶ 흙을 깨끗이 씻어 준 달래는 먹기 좋게 썰고, 표고 버섯, 대파, 고추도 준비하고,

❷ 멸치다시마국물 만들어서,

❸ 뚝배기에 멸치다시마국물 붓고 **양념** 넣고,

❹ 버섯, 두부 넣고 끓이다가,

❺ 달래, 대파, 고추 넣고 다시 한번 보글 보글 끓여 내면 완성.

요리 하나 더

해물이 좋아~ 해물된장찌개

재료 바지락(1줌), 오징어(1/2마리), 미더덕(1/3컵), 애호박, 청양고추, 붉은 고추
양념 된장(3), 다진 마늘(1/2), 고추장(1/2), 고춧가루(1/3), 소금, 후춧가루

1 해감을 토한 바지락을 넣고 끓여 입 벌리면 건져 내고, 된장, 고추장 풀어 끓이고,
2 미더덕, 바지락, 오징어, 콩나물 넣어 끓이다가, 두부와 애호박도 넣어 주고,
3 고춧가루, 다진 마늘, 고추, 대파 넣고 소금과 후춧가루로 간 하면 완성.

마음의 고향
호박고지된장찌개

처서가 지난 끝물 호박을 둥글게 썰어 꾸덕하게 말린 다음 실에 꿰어 바짝 말린 것이 호박고지예요.
뜨거운 물에 불렸다가 양념에 무쳐 촉촉하게 볶아 대보름 묵나물로 먹거나, 된장찌개에 넣으면 달큰하면서도
구수한 그 맛이 바로 우리들 마음의 고향이지요.

 **재료 준비하기**

대표재료 호박고지(1줌), 두부(1/4모), 배춧잎(2장), 대파(2대), 풋고추(1개), 붉은 고추(1개), 양파(1/4개), 소금
양념 된장(2), 고추장(1/2)
멸치다시마국물 물(3컵), 국멸치(5마리), 다시마(5cm 1장)

> 물에 헹궈서 체에 담아 두면 표면에 남아 있던 물기가 자연스럽게 흡수되면서 부드러워진답니다.

❶ 호박고지는 찬물에 헹궈 체에 담아 불려 주고,

❷ 호박고지와 적당히 썬 배춧잎, 어슷 썬 고추와 대파, 채 썬 양파에 **양념** 넣어 조물조물 무쳐서,

❸ 멸치다시마국물 만들어,

❹ 뚝배기에 양념해 둔 재료 담고, 멸치다시마국물(3컵) 부어 끓이다가,

> 끓을 때 나오는 거품은 불순물이니 걷어 내세요.

❺ 마지막으로 두부 넣고 소금으로 부족한 간 하면 완성.

요리 하나 더

된장찌개의 터줏대감 애호박된장찌개

재료 애호박(1줌), 양파(1줌), 표고버섯(1개), 두부(1/4모), 대파, 청양고추, 붉은 고추, 소금
멸치다시마국물 물(3컵), 국멸치(5마리), 다시마(10cm) **양념** 된장(2), 고추장(1/2), 다진 마늘(1/2)

1 멸치다시마국물 내서 된장과 고추장 체에 걸러 풀고,
2 깍둑 썬 애호박, 양파, 두부, 표고버섯과 다진 마늘 넣고 팔팔 끓여서,
3 마지막으로 청양고추, 붉은 고추, 대파 넣고 간 하면 완성.

슥슥 비벼 먹는
강된장찌개

'그냥'을 줄이면 '걍', 강하게 발음하면 '깡'이 되지요. 안주 없이 마시는 술을 깡소주라 하는 것처럼 강된장찌개는 말그대로 국물 별로 없이 그냥 된장만 넣고 끓인 찌개를 말해요. 한 숟가락 떠서 밥에 슥슥 비벼 먹거나 쌈밥에도 아주 그만이지요.

재료 준비하기
대표재료 오징어(1마리), 돼지고기(1줌), 두부(1/4모), 양파(1/2개), 붉은 고추(1개), 청양고추(1개), 대파(1/2대), 멸치다시마국물(1컵), 참기름(1)
밑간양념 청주(1), 다진 마늘, 후춧가루(약간)
양념 된장(3), 고추장(1), 다진 마늘(1), 고춧가루(1), 청주(1), 생강가루

❶ 모든 재료들은 비슷한 크기로 깍뚝썰기하고, 돼지고기는 **밑간양념**해서 잠시 두고,

❷ 달군 뚝배기에 참기름(1) 두르고 양파, 오징어, 고추도 넣어 볶다가 **양념**도 넣어 달달 볶고,

❸ 멸치다시마국물(1컵) 부어 끓이다가 두부 넣고 대파 올리고 좀더 끓여 내면 완성.

요리 하나 더

입안 가득 쌈잔치~
우렁쌈장

우렁이를 한줌 넣어 끓이면 만들어지는 우렁 쌈장으로 맛있는 쌈밥도 즐겨 보아요.

푹~ 익은 그맛
총각무청국장

구수한 청국장 안에서 푹~ 익은 총각무와 되직하게 바글바글 끓어 오른 국물은 정말 기가 막히지요. 하지만 먹고 나서 냄새가 걱정되신다고요? 왜 그거 있잖아요. "오늘도 기분이 좋다~ 패버리지??"

재료 준비하기

대표재료 총각김치(4~5개), 청국장(1컵), 대파(1/2대), 풋고추(2개)
양념 고춧가루(1/3), 다진 마늘(1/2), 소금
멸치다시마국물 쌀뜨물(4컵), 국멸치(5마리), 다시마(5cm 1장)

요리 하나 더

신김치가 기가 막혀~ 청국장찌개

재료 돼지고기(1줌), 신김치(1줌), 두부(1/4모), 애호박(1/4개), 대파(1/2대), 청양고추, 붉은 고추 **멸치다시마국물** 쌀뜨물(3컵), 국멸치(5마리), 다시마(5cm 1장) **양념** 청국장(4), 다진 마늘(1/2), 고춧가루(1/2), 소금, 후춧가루

1 신김치와 돼지고기에 멸치다시마국물 붓고 팔팔 끓이다가,

2 청국장 풀어 넣고, 애호박, 고추, 대파, 다진 마늘, 고춧가루 넣어 끓여 내면 완성.

❶ 총각김치의 양념은 대강 훑어내고 먹기 좋게 자르고, 대파와 고추는 어슷 썰어 준비하고,

청국장에 찌개 국물을 조금 덜어 풀어서 넣어 주세요.

❷ 총각김치에 **멸치다시마국물** 붓고 끓이다 총각김치가 말랑하게 익으면 청국장 풀고,

바닥에 눋지 않게 중간중간 저어 주세요.

❸ 대파와 풋고추, 고춧가루(1/3), 다진 마늘(1/2) 넣고 소금 간 하면 완성.

우린 코드가 맞아~
꽁치김치찌개

김치찌개는 참으로 다양한 재료들과 코드가 맞아요. 돼지고기를 넣으면 깊은 맛의 돼지고기김치찌개,
가장 무난한 참치김치찌개, 때로는 꽁치김치찌개, 부대찌개 맛나는 햄김치찌개, 국물 맛이 끝내 주는 쇠고기김치찌개
그리고 버섯, 두부, 콩나물, … 헤아릴 수 없을 만큼 많은 재료들과 코드가 통해요.

재료 준비하기

대표재료 김치(2줌), 꽁치통조림(1캔), 대파(1대), 붉은 고추(1개), 양파(1/2개), 식용유, 물(4컵), 소금
김치양념 고춧가루(1/3), 다진 마늘(1/2), 설탕
양념 국간장(1/2), 된장(1/3), 청주(1), 김칫국물(3), 생강가루, 후춧가루

❶ 송송 썬 김치에 **김치양념**해서

❷ 식용유 두른 냄비에 달달 볶아,

❸ 물(4컵) 붓고 **양념** 넣어 끓이다가,

이미 익혀서 양념이 되어 있는 꽁치통조림이어서 너무 오래 익히면 딱딱해진답니다.

❹ 김치가 익으면 꽁치 넣고,

❺ 양파, 대파, 붉은 고추 넣고 좀더 끓여 간 봐서 부족하면 소금 간 하면 완성.

요리 하나 더

무난한~ 참치김치찌개

재료 참치통조림(1개), 김치(2줌), 두부(1줌), 대파, 양파, 청양고추, 붉은 고추, 김칫국물(1/3컵), 식용유
양념 다진 마늘(1/2), 설탕(1/2), 고춧가루, 후춧가루
멸치다시마국물 물(3컵), 국멸치(5마리), 다시마(5cm 1장)

1 식용유 두른 냄비에 김치와 양념 넣고 달달 볶다가,
2 멸치다시마국물(3컵)과 김칫국물(1/3컵)과 기름 뺀 참치 넣어 끓여 주고,
3 두부 넣고 좀더 끓이다 어슷 썬 대파, 붉은 고추, 청양고추 넣으면 완성.

후다닥~
햄김치찌개

햄김치찌개는 일분 일초를 다투는
아침 시간에 '후다닥' 요리로 딱이에요.
국물 끓이는 불 옆에 스팸 두었다가
뚜껑 따고 '탁'하고 한번 쳐서 '쏙~'하고
빠지면 '숭덩숭덩' 썰어 국물에 넣고
'바글바글' 끓여서 밥 한그릇 '후다닥' 비우고
'휘리릭' 하고 달려나가 '쌩~'하고 출근하지요.

 재료 준비하기

대표재료 김치(2줌), 스팸(작은 캔 1개), 대파(1/2대), 붉은 고추(1개), 양파(1/2개), 김칫국물(1/2컵), 식용유
양념 다진 마늘(1/2), 후춧가루, 소금
멸치다시마국물 물(4컵), 국멸치(5마리), 다시마 (5cm 1장)

❶ 식용유 두르고 송송 썬 김치와 다진 마늘(1/2) 넣고 볶다가.

❷ 멸치다시마국물 붓고 김칫국물(1/2컵) 넣어 끓이고.

❸ 알맞게 썬 스팸과 양파, 대파, 고추 넣고 끓이다 후춧가루, 소금으로 간하면 완성.

요리 하나 더

국물이 진한~
돼지고기김치찌개

재료 배추김치(1줌), 돼지고기(목살 1줌), 두부(1/4모), 대파(1/2대), 김칫국물(1/2컵), 고추장(1), 소금, 식용유, 고추
멸치다시마국물 물(4컵), 국멸치(5마리), 다시마 (5cm 1장)
양념 고춧가루(1), 다진 마늘(1), 청주(1), 설탕(1/2), 후춧가루

1 식용유 두른 냄비에 양념한 돼지고기와 김치, 고추장 넣고 볶아.

2 멸치다시마국물 붓고 끓이다 두부, 대파, 고추 넣고 소금 간 하면 완성.

순수한 하모니~
김치순두부찌개

상다리가 부러지게 차려 있어도 김치가 빠지면 허전한 것이 우리네 밥상이지요. 김치는 어떤 찌개에 넣어도 조화롭고 깔끔한 국물 맛을 만들어 준답니다. 부드러운 순두부에 잘 익은 김치 역시 참 조화롭습니다.

재료 준비하기

대표재료 순두부(1봉지), 돼지고기(1줌), 김치(1줌), 대파(1/2대), 팽이버섯(1/2봉), 멸치다시마국물(3컵), 고춧가루(1/2), 소금
고추기름 고춧가루(1/2), 식용유(2)
돼지고기양념 다진 마늘(1/3), 참기름, 후춧가루

요리 하나 더

**분식집 스따~일
순두부찌개**

재료 순두부(1/2봉), 바지락(1줌), 돼지고기(1/2줌), 청양고추, 붉은 고추, 대파, 참기름, 고추기름(2)
양념 고춧가루(1), 다진 마늘(1/2), 생강가루(1/3), 소금, 후춧가루

1 뚝배기에 고추기름 두르고 돼지고기 볶아 멸치다시마국물 붓고,
2 양념한 후 바지락, 순두부 넣고 고추, 대파 넣고, 참기름 한 방울 떨어뜨리면 완성.

❶ 순두부는 체에 받쳐 물기 빼고, 소를 턴 김치는 송송 썰고, 고기는 **돼지고기양념**하고,

전자레인지에 30초 돌리면 간편하게 고추기름을 만들 수 있어요.

❷ **고추기름** 만들어서 뚝배기에 두르고 돼지고기 볶다가 김치, 고춧가루(1/2) 넣어 볶고,

❸ 멸치다시마국물(3컵) 붓고 끓여서, 순두부와 어슷 썬 대파 넣고 소금 간 하면 완성.

리틀 부대찌개??
어묵소시지찌개

동생이 장을 보면 햄이며 소시지 같은 인스턴트식품을 잔뜩 사와요. 몸에 그리 좋을 것 같지 않아서 한소리 하지만 가끔씩 먹으면 또 그 맛이 별미예요. 소시지나 어묵을 뜨거운 물에 샤워시키면 기름기나 좋지 않은 성분들이 녹아 나오니 꼭 그렇게 하세요.

 **재료 준비하기**

대표재료 수제소시지(2개), 어묵(2장), 양파(1/2개), 배추김치(1줌), 식용유
양념 고추장(1), 국간장(1), 다진 마늘(1/2), 후춧가루, 소금
멸치다시마국물 물(4컵), 국멸치(5마리), 다시마(5cm 1장)

소시지와 어묵은 뜨거운 물에 데쳐 기름기를 빼 주세요.

❶ 소시지와 어묵, 양파는 적당한 크기로 잘라 준비하고,

❷ 식용유 살짝 두르고 송송 썬 김치 넣고 볶아서,

❸ 멸치다시마국물 붓고 한소끔 끓여 고추장(1) 풀고,

❹ 소시지와 어묵, 양파, 다진 마늘 넣고 끓이다,

❺ 국간장, 소금, 후춧가루로 간 하면 완성.

요리 하나 더

조화로운 퓨전 부대찌개

재료 스팸, 소시지, 햄(약간씩), 배추김치(1줌), 다진 돼지고기(1줌), 쌀뜨물, 김치국물, 가래떡(1줌), 치즈(1장), 라면사리, 콩나물, 양파, 팽이버섯, 대파, 청양고추, 붉은 고추 **양념장** 고춧가루(2), 국간장(1), 청주(1), 다진 마늘(1), 생강가루, 후춧가루, 소금

1 쌀뜨물에 김치와 김칫국물, 머리 뗀 콩나물 넣고 뚜껑 덮어 끓이고,
2 햄과 소시지, 다진 돼지고기 넣어 끓이다 양념장 풀고 양파, 고추, 대파, 팽이버섯 넣고,
3 물에 불려 둔 가래떡과 라면도 넣고, 후춧가루와 소금으로 간 하고 치즈 얹어 내면 완성.

힘이 솟는~
쇠고기당면찌개

입맛이 없거나 기운 없을 때 먹으면 힘이 솟는 마술찌개예요. 뚝배기에 보글보글 끓여 내면 두 배로 먹음직스러워지는 마술을 또 한번 부리지요.^^

 재료 준비하기

대표재료 쇠고기(1줌), 애호박(1/4개), 고추(1개), 두부(1/4모), 쪽파, 당면(약간씩), 물(4컵)
양념 고춧가루(1), 다진 마늘(1), 국간장(1), 소금, 후춧가루

❶ 야채들은 알맞게 썰고, 당면은 미지근한 물에 불려 두고,

❷ 물(4컵)에 **양념** 넣고 끓이다가,

❸ 끓어오르면 쇠고기 넣고 거품은 걷어 주고,

❹ 깍둑 썬 애호박과 두부, 쪽파 넣어 끓이다 당면 넣어 끓여 내면 완성.

요리조리 이야기

국내산? 한우?

쇠고기를 사러 가 보면 한우, 수입산, 국내산(육우) 이런 표지판을 볼 수 있어요. 수입산은 알겠는데 그렇다면 국내산과 한우는 어떻게 다를까요? 한우는 순수한 우리 토종 쇠고기인 반면에 국내산(육우)은 국내에서 사육된지 6개월이 지난 수입소나 새끼를 낳지 않은 젖소를 뜻한답니다.

주문을 걸어~
콩비지찌개

전쟁같은 하루를 치루고 돌아온 나를 세상에서 제일 포근하고 아늑한 미소로 반기는 우리집 식탁에서 마음 속까지 편안해지는 콩비지찌개 먹으며 주문을 걸어 보세요. "나는 문제없어."

재료 준비하기

대표재료 콩비지(2컵), 얼갈이배추(1줌), 돼지고기(목살 1줌), 물(6컵), 소금
돼지고기양념 다진 마늘(1/2), 다진 파(1), 된장(1/3), 참기름, 후춧가루
곁들이양념장 간장(2), 고춧가루(2), 청주(1), 다진 청양고추(2), 깨소금(1), 물(2), 설탕(1/3)

❶ 돼지고기는 얇게 3cm폭으로 썰고, 얼갈이는 데쳐서 먹기 좋게 썰고,

❷ 돼지고기양념해서 참기름(1) 두르고 볶아,

많이 저어 주면 콩이 삭아져서 맛이 없어지니 많이 젓지는 마세요.

❸ 물(6컵)과 콩비지 넣고 끓이다 얼갈이 넣고 끓여서 소금 간을 하거나 곁들이양념장 함께 내면 완성.

요리 하나 더

구수한 찌개
김치콩비지찌개

재료 콩비지(1컵), 돼지고기(1줌), 신김치(1줌), 채 썬 무(1줌), 대파(1대), 소금, 물(3컵)
돼지고기양념 다진 파(1), 다진 마늘(1/2), 설탕(1/3), 후춧가루, 참기름

1 돼지고기는 얄팍하게 썰어 돼지고기양념 해서 볶다가,

2 송송 썬 김치와 채 썬 무도 함께 볶아 주고,

3 물(3컵) 붓고 콩비지 넣어 약한 불에서 끓이다 대파 넣고 소금 간 하면 완성.

충청도 스타일 두부찌개

멸치 듬뿍 넣어 국물 내서 큼직하게 썬 손두부 가득 넣고 국물이 있는 듯 없는 듯 끓여 내는 것이 바로 충청도 스타일 두부찌개예요. 겉으로는 투박해 보이지만 구수하고 순박한 맛이 그대로 묻어 나지요.

재료 준비하기
대표재료 두부(1모), 대파(1대) **양념** 다진 마늘(1), 고춧가루(2), 국간장(1), 청주(1), 소금, 후춧가루
멸치다시마국물 물(3컵), 멸치(10마리), 다시마(5cm 1장) 깨소금(1/2), 후춧가루

❶ 멸치 듬뿍 넣고 **멸치다시마국물** 만들어서,

❷ 양념 넣고, 적당하게 썬 두부 넣어 5분 정도 끓이다가,

❸ 길쭉하게 썰어 반 가른 대파 넣고 좀 더 끓여 주면 완성.

요리조리 이야기

남은 두부 신선 보관법

1 소금 약간 섞은 찬물을 담아 밀폐용기에 보관
남은 두부를 밀폐용기에 담아 소금 약간 넣은 찬물을 붓고 냉장 보관하면 신선함이 유지되지요. 두부는 쉽게 상하는 식품이므로 물을 자주 갈아 주세요.

2 끓는 소금물에 데쳐 두부향 살리기
신선한 두부는 그냥 찬물에 헹궈 사용하지만 구입한 지 며칠이 지난 두부는 간수로 인해 시큼한 냄새나 약간 쓴맛이 나기도 하는데 이럴 때 두부를 끓는 소금물에 데쳐 주면 구수한 향이 살아난답니다.

기사식당 스따~일
얼큰버섯찌개

언젠가 아빠를 따라간 식당에서 맛보았던 버섯찌개를 재현해 보았습니다. 기사식당이라는 커다란 간판 외에는 아무것도 없어 허름해 보이기까지 하는 식당인지라 그냥 허기나 채워야겠다는 생각이었는데 얼큰한 버섯찌개에 땀까지 뻘뻘 흘려 가며 밥 한 공기를 단숨에 비웠답니다.

 재료 준비하기

대표재료 애느타리버섯(3줌), 표고버섯(2개), 양파(1/4개), 대파(1대), 붉은 고추(1개), 미나리(1줌)
양념장 고추장(1), 고춧가루(2), 국간장(1), 다진 마늘(1), 청주(1), 참기름, 생강가루, 후춧가루
멸치다시마국물 물(4컵), 국멸치(5마리), 다시마(5cm 1장)

❶ 애느타리버섯은 손으로 찢고, 표고는 모양대로 썰고,

❷ 양파와, 대파, 고추도 준비하고,

❸ 냄비에 버섯 돌려 담고 **양념장** 만들어 올리고,

❹ **멸치다시마국물** 부어 양념장 잘 풀어가며 끓이다가,

❺ 끓어오르며 생기는 거품은 걷어 내고 미나리 얹어 향을 내면 완성.

이것저것 섞으면
오징어섞어찌개

오징어를 사 온 즉시 손질해서 냉동실에 두었다가 생각날 때 꺼내서 매운 양념해서 냉장고에 있는 이것저것 함께 섞어 끓여 주면 그게 바로 오징어섞어찌개지요.

 **재료 준비하기**

대표재료 오징어(1마리), 콩나물(1줌), 나박 썬 무(1줌), 두부(1/4모), 풋고추(1개), 붉은 고추(1개), 대파(1대), 소금, 멸치다시마국물(4컵)

양념장 고추장(1/2), 고춧가루(1과1/2), 국간장(2), 다진 마늘(1/2), 다진 파(1), 후춧가루

❶ 껍질 벗긴 오징어는 좌우 대각선으로 칼집 넣어 폭은 2cm, 길이는 4cm로 썰고,

칼집을 넣을 때 칼을 약간 비스듬히 해 주면 더욱 입체적인 모양이 난답니다.

❷ 두부는 먹기 좋게 썰고, 고추와 대파는 어슷 썰어 준비하고,

❸ 양념장도 미리 만들어 두었다가,

❹ 무 깔고 콩나물, 양념장 얹어 멸치다시마국물(4컵) 넣고 끓이다가,

❺ 오징어, 두부, 대파 넣고 소금 간 하면 완성.

요리 하나 더

순수한 오징어의 맛 오징어무국

재료 오징어(1마리), 양파(1/4개), 무(1줌), 대파(1줌), 두부(1/4모), 청양고추, 붉은 고추
멸치다시마국물 물(3컵), 국멸치(5마리), 다시마(5cm 1장)
양념 고춧가루(2), 국간장(1), 청주(1), 다진 마늘(1), 후춧가루, 소금

1 멸치다시마국물에 무 넣고 끓이다가 양념 넣고 두부와 오징어 넣어 끓이고,

2 양파, 대파, 고추 넣고 소금 간 하면 완성.

길들여진 국물맛
생태찌개

평소 싸다고 해서 사재기를 하거나 충동구매를 잘 안하는 편인데 생태나 동태를 마트에서 빅세일이라도 하는 날이면 계획에 없었다 할지라도 망설임 없이 사서 냉동실에 넣어 두지요. 유난히 깔끔하고 시원한 국물을 내 주는 생태찌개에 우리 자매 길들여졌거든요.

 **재료 준비하기**

대표재료 생태(1마리), 무(나박 썰어 1줌), 양파(1/4개), 대파(1/2대), 청양고추(1개), 붉은 고추(1개), 쑥갓
양념 다진 마늘(1), 고춧가루(2), 청주(2), 생강가루, 후춧가루, 소금
멸치다시마국물 물(4컵), 국멸치(5마리), 다시마(5cm 1장)

❶ 생태의 내장은 꺼내서 잘 씻고, 지느러미는 자르고 토막 내서,

❷ 냄비에 나박 썬 무, 채 썬 양파, 어슷 썬 대파 깔고,

❸ 멸치다시마국물에 양념해서 붓고,

❹ 무가 어느 정도 익으면 생태 넣고,

❺ 부족한 간은 소금으로 해서 고추와 쑥갓 올리면 완성.

요리 하나 더

아~ 시원해 동태찌개

재료 동태(1마리), 무(1줌), 두부(1/4모), 청양고추(1개), 붉은 고추(1개), 대파, 쑥갓, 멸치다시마국물(4컵)
양념 고추장(1), 다진 마늘(1), 청주(1), 고춧가루(2), 생강가루, 후춧가루, 소금

1 멸치다시마국물에 양념과 무 넣고 끓이다 동태 넣어 끓이고,

2 두부, 대파, 고추 넣고 소금과 후춧가루로 간 하고 마지막에 쑥갓 넣으면 완성.

Part 12

잊을 수 없는 그 맛
별미국

오늘 반찬을 뭘로 하나? 국은 어떻게 하지? 별미국은 이 두 가지를 모두 해결해 주는 메뉴예요. 힘차게 떠오르는 새해 해돋이와 함께 하던 떡국과 만두국, 밤새 마신 술로 지칠 대로 지쳐 버린 속을 그나마 위로해 주던 해장국집 순대국과 24시간 맞아 주던 굴국밥, 출출할 때 참으로 즐기던 묵밥 등은 우리 사는 이야기를 담고 있는 잊을 수 없는 추억의 한 페이지이자 집에서 즐기면 맛있는 별미가 된답니다.

긴긴 겨울밤이면 생각나는~
도토리묵국

도토리묵으로 국을 만든 것을 묵밥이나 묵국수라고도 해요. 여름에는 국물을 시원하게 내지만 겨울에는 따뜻하게 만들어 한술 뜨면 긴긴~ 겨울밤이 뜨끈뜨끈해져요. 칼로리가 낮아 살찔 걱정 없으니 야식으로도 부담 없이 즐기세요. 후다닥 한 그릇 비우고 나니 겨울이면 들려오던 "메밀묵 사려 찹쌀떡~" 하는 추억의 소리가 들리는듯 하네요.

재료 준비하기

대표재료 도토리묵(1/2모), 김치(1컵), 풋고추(1개), 김가루, 쑥갓, 깨
김치양념 참기름(1), 설탕(1/2), 깨소금(1/2), 다진 마늘(1/2)
멸치다시마국물 국멸치(5마리), 다시마(5cm 1장), 물(5컵), 소금

❶ 도토리묵은 0.7cm 두께로 채 썰고, 풋고추는 얇게 송송 썰어 준비하고,

❷ 김치도 송송 썰어 **김치양념**하고,

❸ 그릇에 도토리묵 담고 김치와 고추, 쑥갓, 김가루, 깨 올리고 소금 간 한 **멸치다시마국물** 끓여 부어 내면 완성.

요리 하나 더

가슴까지 시원한
미역오이냉국

재료 불린 미역(1줌), 오이(1줌), 물(5컵)
국물양념 식초(3), 설탕(2), 국간장(1)
무침양념 다진 마늘(1/3), 고춧가루(1/3), 깨, 소금

1 물(5컵)을 팔팔 끓여 식혀서 국물양념해서 냉장고에 넣어 두고,

2 불린 미역은 비벼 씻어 데친 후 찬물에 헹궈 알맞게 썰어 두고,

3 채 썬 오이와 미역에 무침양념 넣고 무쳐 시원한 국물 부어 내면 완성.

시원한 무와 굴의 만남
굴무국

시원한 맛을 내는 무와 굴을 넣은 굴무국을 소개합니다. 무국하면 쇠고기에 무를 넣고 끓이는 쇠고기무국이 일반적이지만 영양이 풍부한 '바다의 보약' 굴도 만만치 않아요. 굴 특유의 시원한 국물맛을 경험해 보세요.

 재료 준비하기

대표재료 굴(1줌), 채 썬 무(1줌)
국물재료 국멸치(5마리), 다시마(5cm 1장), 마른고추(1개), 대파(1/2대)
양념 청주(1), 소금, 후춧가루

요리 하나 더

**해장국으로도 좋은
굴국밥**

재료 굴(1줌), 두부, 미역, 대파, 부추(약간씩)
국물재료 국멸치(5마리), 다시마(5cm 1장), 마른 새우(5마리), 무, 대파
양념 국물(1), 고춧가루(1/3), 다진 마늘(1), 소금, 후춧가루

1 국물재료 넣고 끓여 육수 내서 뚝배기에 깍둑 썬 두부와 미역, 굴, 양념 넣고 국물 부어 끓여 주고,

2 끓어오르면 밥 넣고, 참기름 한 방울 떨어뜨린 후 대파와 부추 넣으면 완성.

❶ 국물재료 넣고 15분 정도 끓여 육수 내고,

❷ 국물재료 모두 건지고 채 썬 무(1줌) 넣고 끓이다가,

❸ 연한 소금물에 헹궈 하나하나 깨끗이 씻어 둔 굴 넣고 청주(1), 소금, 후춧가루로 간 하면 완성.

복이 굴러 들어오는~
조랭이떡국

조랭이떡은 가운데가 잘록한 모양이 조롱박 같다고 해서 귀신을 물리친다는 의미를 담고 있으며
재물과 식복, 경사, 풍년 같은 길운(吉運)을 상징하는 누에고치를 닮아서 새해에 조랭이떡국을 먹으면
복이 굴러 들어온대요.

 **재료 준비하기**

대표재료 조랭이떡(2줌), 쇠고기(양지머리 1줌), 계란(1개), 대파(1대), 마늘(3쪽)
고기양념 간장(1), 다진 파(1/2), 다진 마늘(1/3), 참기름(1/2), 후춧가루

❶ 양지머리는 찬물에 담가 핏물 빼고,

❷ 대파(1/2대)와 마늘(3쪽) 넣고 삶아 식혀서 가늘게 찢어 **고기양념** 하고,

❸ 계란은 체에 걸러 곱게 풀어서,

뒤집을 때 젓가락을 가운데 넣어 보세요. 더 예쁘게 만들어져요.

❹ 달군 팬에 식용유 약간 두르고 지단 만들어 다이아몬드 모양으로 잘라 준비하고,

김가루를 뿌려도 고소하고 맛있지요

❺ 양지머리육수에 조랭이떡, 대파 넣고 끓여 양념한 쇠고기와 지단 올려 내면 완성.

요리 하나 더

예쁘게 빚은 손맛 만두국

대표재료 쇠고기(양지머리 1줌), 손만두(10개), 계란(1개), 김가루(약간)
육수재료 무(1토막), 다시마(5cm 1장), 양파(1/4개), 대파잎(약간)
양념 국간장(1), 소금, 참기름, 깨소금

1 쇠고기에 육수재료 넣고 국물 내서 국간장(1), 소금으로 간 하고,
2 육수재료는 건지고 쇠고기 잘게 찢어 참기름, 깨소금으로 양념하고,
3 육수에 만두 넣고 끓여서 쇠고기와 지단, 김가루 등의 고명 얹어 내면 완성.

순수한 국물
순대국

어렸을 때는 포장마차에서 떡볶이 국물 얹어 먹는 순대나 순대볶음을 좋아했는데 요즘에는 국물 있는 게 좋아요.
그리고 양념 잔뜩 들어간 것보다는 원재료의 맛을 그대로 느낄 수 있는 순수한 국물이 좋구요.
증세를 보아 하니 이건 딱 나이 들어간다는 얘기지요?

재료 준비하기

대표재료 순대(2줌), 돼지고기(1줌), 대파(1/2대), 사골국물(7컵), 들깨가루, 새우젓
향신재료 마늘(3쪽), 생강(1톨), 된장(1/2), 커피
다대기 고춧가루(3), 간장(1), 다진 파(2), 다진 마늘(1), 후춧가루, 소금

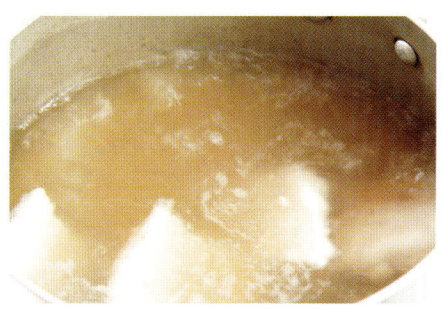

❶ 향신재료 넣고 돼지고기 삶고,

❷ 순대와 삶은 돼지고기는 먹기 좋게 썰고 대파도 송송 썰고,

사골국물은 잡뼈나 사골로 우려내세요.

❸ 사골국물(7컵)에 돼지고기와 순대 넣어 끓이다,

❹ 기호에 맞게 들깨가루와 대파 얹어 내고,

❺ 다대기 만들어 새우젓과 함께 내면 완성.

요리조리 이야기

대한민국 소시지 순대이야기

서양에 소시지가 있다면 대한민국에는 순대가 있어요. 순대는 돼지고기를 이용한 우리 고유의 음식으로 어찌 보면 서양의 소시지와 닮아 보이지만 영양 면에서는 오히려 뛰어난 음식이랍니다. 순대는 혈액으로 만들어지기 때문에 여성들에게 특히 중요한 철분의 공급원이 되고, 육류, 곡류, 채소류를 다져서 골고루 넣어 조화를 이루니 맛이나 영양 면에서도 훌륭하지요.

육개장 사촌동생 닭개장

육개장 사촌뻘쯤 되는 닭개장은 끓이는 방법이나 들어가는 내용물은 육개장과 비슷하지만 국물맛이 참 달라요.
쇠고기로 낸 육개장 국물이 시원하다면, 닭개장은 담백하면서도 닭육수 특유의 감칠맛이 그만이지요.
무엇보다 닭고기는 쇠고기보다 저렴해서 좋아요.

재료 준비하기

대표재료 닭(1/2마리), 토란대(2줌), 숙주(2줌), 대파(2대), 고사리(1줌), 굵은 소금
향신재료 마늘(5쪽), 무(1/2토막), 대파(1대), 양파(1/2개), 생강(1톨)
양념 고춧가루(4), 국간장(2), 청주(2), 다진 마늘(2), 참기름(1/2), 생강가루, 후춧가루, 소금

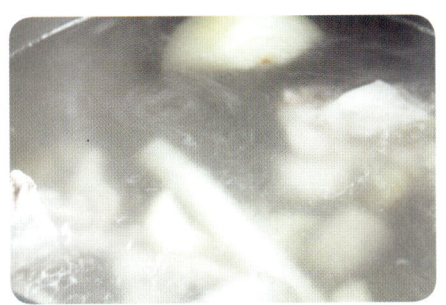

❶ **향신재료**와 닭 넣어 푹 끓여 육수 내고,

❷ 향신재료는 건져 내고 닭고기는 식혀서 찢어 주고,

❸ 토란대, 숙주, 대파, 고사리는 끓는 소금물에 따로 따로 데쳐 준비해서,

❹ **양념**해서 간이 배게 잠시 두었다가,

육개장이나 닭개장은 오래 끓일수록 맛있답니다.

❺ 육수에 양념해 둔 나물들 넣고 센 불에서 끓이다 중불로 줄여 은근히 끓여서,

처음부터 닭살을 넣으면 풀어지고 물러져서 맛이 없거든요.

❻ 마지막에 닭살 넣고 소금, 후춧가루로 간 하면 완성.

요리 하나 더

쇠고기 넣으면 육개장

쇠고기(양지머리) 넣고 삶아서 찢어 넣으면 육개장으로 이름이 바뀌지요. 닭개장은 닭육수 낼 때 이미 무를 넣어 국물을 냈기 때문에 별도로 넣을 필요 없지만, 육개장에는 쇠고기 육수에 나박 썬 무 1~2줌 넣고 먼저 끓이다가 다른 나물과 양념도 함께 넣어 주세요.

남은 불고기로
불고기뚝배기

쇠고기를 양념에 재워 볶아 먹고 남았다면 그걸로 불고기뚝배기 보글보글 끓여 보세요.
양념쇠고기가 달큰하면서도 진한 국물을 내 주어 한그릇 음식으로도 손색이 없어요.

재료 준비하기

대표재료 쇠고기(불고기감 1줌), 당면(1줌), 느타리버섯, 팽이버섯(약간씩), 양파(1/4개), 대파(1/2대), 붉은 고추(1개), 식용유
다시마국물 물(4컵), 다시마(5cm 1장)
쇠고기양념 간장(2), 청주(1/2), 설탕(1/2), 다진 마늘(1/2), 다진 파(1), 깨소금, 참기름, 후춧가루
국물양념 국간장(1), 후춧가루

❶ 당면은 미지근한 물에 불려 주고, 쇠고기는 4cm 폭으로 얇게 썰어 **쇠고기양념**하고,

❷ 버섯은 먹기 좋게 찢어 주고, 대파와 고추는 어슷 썰어 준비하고,

❸ 뚝배기에 식용유 두르고, 쇠고기와 양파 살짝 볶아,

❹ **다시마국물**(3컵) 붓고 팔팔 끓여,

❺ 당면과 버섯, 대파, 고추 넣고 **국물양념**하면 완성.

요리조리 이야기

냉동실에 두었던 쇠고기로 깔끔한 맛 나는 국 끓이기

냉동실에 오래 보관한 쇠고기로 국이나 찌개를 끓이다 보면 누린내가 나거나 둥둥 뜬 기름을 볼 수 있어요. 이럴 때에는 마늘이나 대파, 무를 듬뿍 넣어 끓여 주면 잡냄새가 사라진답니다. 또 다시마와 함께 국물을 내 보세요. 훨씬 감칠맛나는 국물이 되니까요.

터프하게 먹는~ 꽃게찌개

입을 크게 벌리고 먹거나 손에 쥐고 터프하게 뜯어 먹는 음식은 약간의 내숭을 필요로 하는 그런 자리에서는 좀 곤란해요. 하지만 좀더 친해지고 싶을 때 오히려 이것을 이용하면 되지요.
서로 정신없이 터프하게 먹다 보면 어느새 한 발짝씩 다가선 서로를 느낄 수 있으니까요.

 **재료 준비하기**

대표재료 꽃게(2마리), 애호박(1/4개), 양파(1/4개), 대파(1/2대), 풋고추(1개), 붉은 고추(1개), 물(4컵)
양념 고추장(1), 된장(1/2), 고춧가루(1), 국간장(1), 청주(1), 다진 마늘(1), 생강가루, 후춧가루, 소금

❶ 꽃게는 솔로 문질러 깨끗이 씻어 등껍질과 모래주머니 떼어 내고 가로로 반 갈라 준비하고,

❷ 애호박은 반달 썰고, 양파는 채 썰고, 고추와 대파는 어슷 썰어 준비하고,

❸ 물(4컵) 붓고 고추장(1), 된장(1/2), 고춧가루(1) 풀고,

❹ 무 넣어 끓이다가, 꽃게, 호박, 양파도 넣고,

❺ 나머지 양념 넣어 간 하고, 고추와 대파 넣고 살짝 끓여 내면 완성.

요리 하나 더

꽃게가 헤엄치는~ 꽃게탕

재료 꽃게(2마리), 무(1/2줌), 양파(1/4개), 미나리(1/2줌), 콩나물(1줌), 대파, 붉은 고추, 풋고추, 쑥갓, 팽이버섯
육수재료 대파(1대), 마늘(3개), 국멸치(5마리), 다시마(5cm 1장), 통후추(1/3)
양념 된장(1), 고춧가루(2), 청주(3), 다진 마늘(1), 생강가루, 소금

1 육수재료 넣고 육수 만들어 된장 풀어 무와 꽃게 넣고 끓이다가,
2 나머지 양념과 양파, 콩나물 넣고 끓여 쑥갓과 미나리, 대파, 고추 넣으면 완성.

Part 13

사랑과 정성으로 끓이는
전골, 탕

여럿이 둘러앉아 열심히 숟가락질 하다 보면 어느새 이마에 송글송글 땀이 맺히고 냄비 바닥이 모습을 드러내는 전골. 사골과 양지머리 푹 고아 먹으면 '밥이 보약' 이라는 말처럼 불끈불끈 힘이 솟는 뜨끈뜨끈하고 진한 탕 한 그릇.
내가 할 수 있을까란 걱정일랑 말고 일단 한번 시작해 보세요. 전골은 푸짐하게 담아 상 위에서 보글보글 끓이면서 먹는 것이 최고의 비법이고, 탕요리는 특별한 비법 없이 정성을 쏟은 만큼 맛으로 돌아오는 부메랑 같은 요리니까요.

푸짐해서 조아조아~
떡만두전골

전골요리의 가장 큰 장점은 바로 푸짐하다는 데 있어요.
재료를 담아 낼 때 줄 맞춰 가지런히 담아 주면 더욱 푸짐하고 맛깔스러워 보이구요.
보글보글 끓여 가며 먹으면 마음까지 뜨끈뜨끈한 것이 밥 한 그릇 정신 없이 비워 내지요.

재료 준비하기

대표재료 떡국 떡(1줌), 손만두(8개), 쇠고기(1줌), 표고버섯(2개), 애느타리버섯(1줌), 애호박(1/2개), 풋고추(1개), 붉은 고추(1개), 멸치다시마국물(5컵)
쇠고기양념 간장(1), 청주(1), 설탕(1/3), 다진 파(1), 다진 마늘(1/2), 깨소금(1/3), 참기름(1/3)
떡양념 간장(1), 참기름(1/2)
국물양념 고춧가루(3), 다진 파(2), 다진 마늘(1), 소금, 후춧가루

❶ 쇠고기와 표고버섯은 **쇠고기양념**으로 간 하고,

❷ 떡국 떡도 **떡양념**해 주고,

❸ 호박은 반달 썰고 대파와 고추도 어슷 썰어 준비하고,

❹ 전골냄비에 준비한 재료 가지런히 돌려 담아,

양념이 섞이지 않아 뒤적이다 보면 모양이 흐트러지니 이런 편법을 써도 좋아요.

❺ 멸치다시마국물(5컵)에 **국물양념**해서 붓고 끓여 내면 완성.

요리 하나 더

우리는 찰떡궁합~ 불낙전골

재료 쇠고기(1줌), 낙지(1마리), 표고버섯(2개), 애느타리버섯(1줌), 팽이버섯(1줌), 양파(1/2개), 실파, 쑥갓, 미나리, 다시마국물(4컵)
쇠고기양념 간장(2), 다진 파(1), 다진 마늘(1/2), 청주(1), 설탕(1), 후춧가루, 참기름
낙지양념 간장(2), 청주(2), 고춧가루(2), 다진 마늘(1/2), 참기름, 후춧가루
국물양념 국간장(2), 고춧가루(1), 다진 마늘(1/2), 소금, 후춧가루

1 쇠고기와 낙지는 각각 양념해서 전골냄비에 야채와 버섯 담아,
2 다시마국물 붓고 국물양념 풀어 끓이다 쑥갓 얹어 내면 완성.

영양이 보글보글~
버섯전골

가족들이 모두 모이는 오늘 저녁에는 몸에 좋은 버섯 푸짐하게 넣은 버섯전골을 보글보글 끓여 내세요. 얼마 전에 책에서 보았는데 버섯이 글쎄 토마토나 당근 보다 칼로리가 낮으면서도 육류나 우유 못지않은 영양이 풍부한 고단백식품이라고 하더군요.

재료 준비하기

대표재료 표고버섯(4개), 느타리버섯(2줌), 팽이버섯(1봉), 쇠고기(불고기감 1줌), 양파(1/2개), 호박(1/4개), 실파(4줄기), 당면(1줌)
육수재료 물(8컵), 북어대가리(1개), 다시마(5cm 1장), 무(1토막), 양파(1/4개), 대파(1대)
육수양념 국간장(1), 소금
쇠고기양념 간장(1), 청주(1), 다진 마늘(1/2), 참기름, 깨소금, 후춧가루(약간씩)

❶ 호박은 반달 썰고, 양파는 채 썰고, 실파는 5cm 길이로 썰고, 버섯도 준비하고,

❷ 쇠고기는 **쇠고기양념**에 조물조물 버무리고, 당면은 물에 불리고,

❸ **육수재료** 넣고 끓여 6컵 정도 되면 체에 걸러 **육수양념**하고,

❹ 냄비에 버섯과 야채, 쇠고기 예쁘게 돌려 담고,

전골은 식탁 위에서 보글보글 끓이면서 먹는 게 최고지요.

❺ 만들어 둔 육수 부어 보글보글 끓여 내면 완성.

요리조리 이야기

쇠고기, 어떤 부위로 어떻게 요리할까?

안심 옆구리 안쪽에 있어 부드럽고 연한 고급 부위로 스테이크나 구이용

등심 지방조직이 마블링을 이루어 고소하고 담백해 불고기, 구이, 국거리용

채끝 등심보다 지방이 적고 안심보다 쫄깃해 불고기나 샤브샤브용

우둔·홍두깨살 엉덩이 부분이라 살코기가 많고 결이 고아 육회, 산적, 장조림용

설도 다릿살이라고도 하며 다른 부위보다 좀 질겨 산적, 잡채, 불고기용

차돌박이·양지 차돌박이는 구워 먹고 양지는 국거리나 탕

사태 핏물 빼서 끓이면 담백한 국물이 좋아 국거리, 찜, 육수내기

자꾸만 배가 생겨요~ 3코스
샤브샤브

보글보글 끓어오르는 얼큰한 국물에 쇠고기 살랑살랑 흔들어 와사비간장에 찍어 먹는 건 1코스!
쇠고기 지나간 맛있는 국물에 칼국수 넣어 끓여 먹는 게 2코스!!
남은 국물에 참기름, 김가루, 깨 뿌리고 계란에 고소하게 볶아 먹는 계란볶음밥은 3코스!!!
우와~이게 내 배에 다 들어갔어요. 코스마다 다른 맛을 내니 들어 갈 배가 자꾸만 따로 생기더라구요.

재료 준비하기

대표재료 쇠고기(샤브샤브용 반근), 미나리(1줌), 감자(1개), 애느타리버섯(1줌), 생칼국수(1줌)
육수재료 물(8컵), 국멸치(10마리), 다시마(5cm 1장), 무(1토막), 대파(1대), 마른 고추(1개), 양파(1/2개)
양념장 고춧가루(2), 고추장(1), 된장(1/3), 국간장(1), 다진 마늘(1), 육수(5), 후춧가루, 생강가루, 소금
와사비간장 간장(2), 연와사비(1/2), 식초(1/3), 설탕(1/3)
계란밥재료 밥(1공기), 계란(1개), 송송 썬 실파(1), 김가루, 참기름, 깨

❶ 육수재료 넣고 끓여서 체에 걸러 육수 만들고,

❷ 감자, 미나리, 버섯 알맞게 썰어 준비해 두고,

❸ 육수에 **양념장** 풀고 감자 넣어 끓이다가,

❹ 1코스로 미나리와 느타리버섯 넣고 쇠고기는 끓는 국물에 흔들어 익혀서 **와사비간장** 찍어 먹고,

❺ 2코스로 국물에 칼국수 넣고 끓여 먹고,

❻ 3코스로 남은 양념에 **계란밥재료** 넣고 볶아 먹으면 완성.

요리 하나 더

구수한 국물이 일품인
정통샤브샤브

재료 쇠고기(샤브샤브용 반근), 연한 배춧잎, 청경채, 쑥갓, 미나리, 팽이버섯, 표고버섯
육수 표고버섯 불린 물(8컵), 다시마(5cm 2장), 가쓰오부시(1줌), 간장(2), 청주(2), 소금
참깨소스 곱게 간 참깨(2), 간장(4), 설탕(1), 식초(1), 청주(1), 육수(5)　**폰즈소스** 간장(2), 설탕(1), 물(2컵)

1 육수재료 넣고 끓이다 다시마는 건지고 가쓰오부시 넣고 불 끄고,
2 가쓰오부시가 가라앉으면 면보에 받쳐 걸러 내고 간 해서 육수 끓여 내고,
3 야채와 버섯 준비하고, 폰즈소스와 참깨소스 함께 내면 완성.

뽀얗게 우려낸
설렁탕

사골은 오랜 시간 은근한 불에서 푹 고아야 국물이 우러나는데 한번 고아 내고 버리는 것이 아니라 4~5번 우려낼 수 있어요. 특히 첫물보다 두번, 세번 우려낸 물이 우유처럼 뽀얀 색을 내니 처음 국물과 두세 번째 물을 섞는 것이 가장 맛있다고 해요.

 재료 준비하기

대표재료 사골(5~6개), 양지머리(1줌), 소면(1/2줌), 대파(1대), 물(20컵)
향신재료 대파(1대), 마늘(3개)
다대기 고춧가루(3), 간장(1), 다진 파(2), 다진 마늘(1), 후춧가루

❶ 사골과 양지머리는 찬물에 담가 핏물 빼고,

처음에는 센 불에서 끓이다 불 줄이고 은근히 고아 주세요.

❷ 첫물은 끓여서 버리고 물(20컵) 부어 뽀얀 국물 나올 때까지 **향신재료** 넣고 은근히 고아서,

삶은 소면 담고, 준비한 고기와 송송 썬 대파 올려 다대기와 함께 내세요.

❸ 사골국물 내는 중간에 양지머리 넣고 삶아 식혀서 얄팍하게 썰어 진한 사골국물, 소면, 송송 썬 대파, **다대기**와 함께 내면 완성.

요리조리 이야기

진정한 설렁탕 구별법

음식점에 가면 색을 내기 위해 커피에 넣는 프림을 타는데 이것을 구분하려면 깍두기 국물을 넣어 보면 알 수 있어요. 깍두기 국물이 섞이지 않고 원래의 색 그대로이면 프림을 타지 않은 순수한 국물이고, 흰 물감을 탄 듯 뽀옇게 섞이면 프림을 탄 것이지요.

사골우거지국
일석이조

사골국물 한 냄비 끓여 놓으면 구수하고 맛있는 국물이 든든하고 좋지만 맛있는 것도 매끼 먹게 되면 질리기 마련이지요. 그렇다면 사골국물에 우거지 넣고 양념해서 또 다른 국을 만들어 주세요. 구수한 맛은 고스란히 묻어나면서 새로운 국물을 맛보는 일석이조에 입이 더욱 즐거워진답니다.

 재료 준비하기

대표재료 사골국물(7컵), 양지머리(1/2줌), 얼갈이배추(삶은 것 1줌), 마른고추(1개), 대파
양념 된장(4), 다진 마늘(1), 고춧가루(1), 들깨가루(3), 소금

❶ 뽀얗게 우려낸 사골국물에 양지머리 넣고 1시간 정도 삶아.

❷ 양지머리는 건져서 먹기 좋게 찢어 주고,

❸ 얼갈이배추에 조물조물 **양념**해서,

❹ 사골국물에 양념한 얼갈이와 찢은 양지머리, 씨를 뺀 마른 고추 넣어 끓이다가,

❺ 어슷 썬 대파 넣고 소금 간 해서 들깨가루 뿌려 내면 완성.

언제 갈비탕 먹는 거야?
갈비탕

"언제 갈비탕 먹는 거야?" 20대 후반부터 들어 오다 어느새 앞자리가 3학년으로 바뀐 요리언니에게 이제 귀에 딱지가 되어 버린 소리지요. 하지만 축구광인 언니는 2002한일월드컵에 꼭 먹여 준다고 하더니 2006 독일월드컵도 지나가고… 월드컵은 앞으로도 계속될 테니 언젠가는 그런 날 오겠지요.

 **재료 준비하기**

대표재료 소갈비(3~4개), 수삼(1뿌리), 밤, 대추, 당면, 국간장(1/2), 소금
육수재료 물(10컵), 마늘(3쪽), 생강(1톨), 양파(1/4개), 무(1/2토막)

❶ 갈비는 찬물에 담가 2시간 이상 핏물 빼고,

> 첫물은 거무스름해요. 한 번 데쳐 내야 국물이 맑고 깨끗하지요.

❷ 갈비살에 결 반대 방향으로 칼집 내어 부드럽게 해서 끓는 물에 갈비 넣고 팔팔 끓여 첫물은 버리고,

❸ **육수재료** 넣고 끓이다가 데쳐 놓은 갈비 넣고 중불에서 1시간 정도 끓이고,

> 국간장은 끓을 때 넣고 젓지 않아야 국물이 탁하지 않고 장냄새가 안 나요.

❹ 국물이 끓기 시작하면 국간장(1/2) 넣고 떠오르는 기름기는 걷어 내고,

❺ 갈비탕이 완성될 무렵 수삼, 밤, 대추 넣고 살짝 익히고 당면도 끓는 물에 삶아 찬물에 헹궈 물기 빼고,

❻ 그릇에 당면, 갈비, 수삼, 밤, 대추 담고 국물에 소금 간 해서 팔팔 끓여 부어 내면 완성.

요리조리 이야기

얼큰한 국물을 위한 다대기 만들기

다대기재료 고춧가루(3), 간장(1), 다진 파(2), 다진 마늘(1), 후춧가루

분량대로 양념 넣고 다대기 만들어서 갈비탕, 설렁탕, 순대국 등 입맛에 맞게 넣어 얼큰한 국물도 즐겨 보세요.

2단 변신~ 닭곰탕

닭고기에 감자 넣고 푹 고아내듯 익혀 향긋한 부추소스에 찍어 먹는 것이 1단계,
닭 한마리 찐하게 지나간 그 국물에 칼국수 넣어 끓이면 닭칼국수가 되는 완벽한 2단 변신 닭곰탕입니다.

재료 준비하기

대표재료 닭(1마리), 감자(2개), 대파(1대), 양파(1/2개), 부추(1줌), 마늘(5개)
밑간양념 청주(3), 생강가루, 후춧가루, 소금(약간씩)
국물양념 국간장(1), 소금, 후춧가루
소스 고추장(1/2), 고춧가루(2), 연겨자(1/2), 간장(1), 설탕(1/2), 물(2), 다진 마늘(1), 다진 부추(5)

❶ 토막 낸 닭의 누런 기름기는 철저히 제거하고 **밑간양념**해서 재웠다가,

❷ 감자는 반 갈라 미리 살짝 삶아 주고, 마늘은 납작하게 저며 썰고, 양파와 부추도 적당히 썰어 준비하고,

❸ 냄비에 자작하게 물 붓고 거품 걷어 내어 중불에서 10분 정도 끓여,

❹ 감자 넣고 10분 더 끓여서 양파, 마늘, 파 넣고 좀더 끓이다,

❺ **소스** 만들어 준비하고,

고기는 건져 소스 찍어 먹고, 국물에 칼국수 넣어 끓이면 닭칼국수가 되지요

❻ 마지막으로 부추 넣고 **국물양념**해서 준비한 소스와 곁들이면 완성.

요리조리 이야기

닭 누린내 완벽 제거법

1 일단 누린내의 근원인 노란색 지방을 완벽하게 제거하는 게 첫째예요.

2 요리 2~3시간 전에 소금, 후춧가루, 청주 등의 밑간을 해 두면 수분이 빠지면서 누린내도 함께 제거돼요.

3 우유에 20분 정도 담가 두거나 레몬이나 양파로 몸통을 문질러 주면 누린내가 거의 나지 않아요.

아빠가 제일 좋아하시는~
오리탕

아빠가 기분 좋게 한턱 내신다고 하시면 영락없이 오리고기지요.
언제부턴가 기름기 없이 담백하고 깔끔한 맛으로 우리가족 모두의 입맛을 사로잡았거든요.
오리 특유의 냄새를 없애 주는 요리법을 알고부터 이제는 집에서도 자주 해 먹는 요리예요.

재료 준비하기

대표재료 오리(1마리), 감자(3개), 대파(1대), 청양고추(1개), 붉은 고추(1개), 소주(1/2컵)
밑간양념 청주(3), 생강가루, 후춧가루
향신재료 마늘(6쪽), 생강(2톨), 된장(2)
양념장 고춧가루(4), 된장(3), 청주(3), 들깨가루(3), 국간장(2), 다진 마늘(2), 생강가루, 후춧가루, 소금

오리 특유의 누린내를 없애기 위해서는 소주로 데쳐 내는 과정이 필요해요.

❶ **밑간양념**해 둔 오리는 소주(1/2컵) 부어 팔팔 끓여 첫물은 버리고,

❷ 다시 잠길 만큼 물 부어 **향신재료** 넣어 끓이고,

❸ **양념장**은 미리 만들어 고춧가루 불려 주고,

❹ 감자는 전자레인지에서 반쯤 익혀 준비하고, 고추와 대파는 어슷 썰고,

❺ 마늘과 생강은 건지고, 준비한 양념장과 감자 넣고 팔팔 끓이다,

❻ 고추와 대파 넣어 좀더 끓여 주면 완성.

요리 하나 더

몸보신의 대명사
삼계탕

재료 영계(1마리), 찹쌀(1/2컵), 대추(5개), 마늘(5개), 밤, 수삼, 대파   **국물재료** 황기, 대파, 양파, 무

1 깨끗이 손질한 영계 뱃속에 미리 불려 둔 찹쌀, 마늘, 밤, 대추, 수삼 넣고,
2 내용물이 나오지 않게 다리를 X자로 꼬아서,
3 잠길 만큼 물 부어 국물재료와 영계 넣고 센 불에서 끓이다가,
4 불 줄이고 뽀얀 국물 나올 때까지 푹 삶아 송송 썬 대파 올려 내면 완성.

뼈대있는 음식~
김치감자탕

감자탕의 역사는 삼국시대부터 시작되는 뼈대 있는 음식이에요. 평야와 곡창지대가 많은 전라도에서 소는 농사에 필요하니 잡지 못하고 돼지를 잡아 푹~ 우려 먹은 것이 유래가 되었대요.
큰 돈 안드리고 한솥 끓여 내는 감자탕이야말로 푸짐하고 맛깔스런 대표적인 서민보양식이지요.

재료 준비하기

대표재료 돼지등뼈(1kg), 감자(2개), 배추김치(1줌), 청양고추(2개), 붉은 고추(1개), 대파(1대), 깻잎(20장), 들깨가루(2), 소금
향신재료 생강(2톨), 마늘(10쪽), 대파(2대), 양파(1개), 된장(1/2)
김치양념 설탕(1/3), 참기름(1/3), 깨소금
국물양념 고춧가루(4), 고추장(1), 된장(1/2), 다진 마늘(2), 청주(2), 국간장(2), 생강가루(1/3), 후춧가루(1/3), 소금

❶ 돼지등뼈는 찬물에 담가 2시간 이상 핏물 빼서 깨끗이 씻어 주고,

> 뼈를 자를 때 나온 뼈가루가 있으니 깨끗이 씻어 주세요.

❷ 뼈가 잠길 만큼 물 부어 끓이다가 첫물은 버리고,

❸ 역시 뼈가 잠길 만큼 물 붓고 **향신재료** 넣어 뼈와 살이 분리될 만큼 푹 끓이고,

> 거품과 기름기는 수시로 걷어 내세요.

❹ 김치는 소를 털고 길쭉하게 찢어 **김치양념**하고, 감자도 미리 삶아 준비하고,

> 껍질 벗긴 감자는 2등분해서 전자레인지에 1~2분 정도 삶아 주세요.

❺ **국물양념** 풀어 간 하고 준비한 김치와 감자 넣고 한소끔 끓여,

❻ 대파, 고추, 깻잎, 들깨가루 넣어 좀더 끓여 주면 완성.

요리 하나 더

구수하고 담백한 맛 얼갈이등뼈감자탕

재료 돼지등뼈(1kg), 감자(2개), 얼갈이(2줌), 깻잎, 붉은 고추, 풋고추, 들깨가루 **육수재료** 물(10컵), 생강(1쪽), 마늘(5톨), 대파(1개), 양파(1/2개), 청주(1/2컵) **얼갈이양념** 된장(1/2), 다진 마늘(1/2), 고춧가루(1/2), 들기름(1) **국물양념** 된장(2), 고춧가루(4), 다진 마늘(1과1/2), 생강가루(1/3), 후춧가루, 소금 **겨자소스** 연겨자(1/2), 물(2), 식초(2), 설탕(1), 레몬즙(1), 다진 마늘(1/3), 소금

1 핏물 뺀 돼지등뼈를 끓는 물에 데쳐 찬물에 헹궈 육수재료 넣어 푹 끓이고,
2 국물이 어느 정도 졸아들면 육수재료는 건지고, 국물양념하고, 감자와 얼갈이 양념해서 넣어 끓이다가,
3 대파, 고추, 깻잎, 들깨가루 넣어 좀더 끓여 겨자소스 곁들이면 완성.

아쉬운 젓가락질은 이제 그만~
알탕

쫀득한 명태알과 곤이 넣고 보글보글 끓여 내는 알탕을 밖에서 사 먹으면 맛있는 알이 조금만 더 있었으면… 하면서 혹시나 모를 그 하나를 위해 아쉬운 젓가락질을 해 보지요. 하지만 그 돈으로 집에서 끓여 먹으면 원 없이 푸짐하게 넣어 먹을 수 있어 좋아요.

재료 준비하기
대표재료 명태알(1컵), 곤이(1컵), 나박 썬 무(1줌), 대파(1/2대), 풋고추(1개), 붉은 고추(1개), 콩나물(1줌), 팽이버섯, 미나리, 쑥갓(약간씩), 굵은 소금
다시마국물 물(4컵), 다시마(5cm 1장)
양념장 고춧가루(4), 청주(2), 다진 마늘(1), 양파즙(3), 생강가루, 후춧가루, 소금

> 명태알은 냉동이 아닌 것으로 준비하세요. 냉동은 퍽퍽하고 맛이 없답니다.

❶ 명태알과 곤이는 소금물에 씻어 물기 빼고,

❷ 대파와 고추는 어슷 썰고, 미나리는 4cm 크기로 자르고, 팽이버섯도 찢어 주고,

❸ 다시마국물에 양념장 풀고 무 넣어 익히다가 알과 곤이, 콩나물 넣고 마지막으로 대파, 고추, 팽이버섯, 미나리 넣어 소금 간 하면 완성.

요리 하나 더

용궁잔치 열렸네~
해물탕

재료 낙지(1마리), 새우(4마리), 소라(3개), 미더덕(1/2컵), 바지락(1줌), 꽃게(1마리), 미나리(1줌), 콩나물(1줌), 팽이버섯, 청양고추, 붉은 고추, 대파, 쑥갓
육수 물(7컵), 다시마(5cm 1장), 국멸치(5마리), 마른 고추(1개), 무(1/2토막), 마늘(3개), 생강(1쪽), 양파(1/4개), 대파(1대), 통후추
양념 고춧가루(3), 된장(1), 국간장(1), 다진 마늘(2), 청주(2), 후춧가루, 소금

1 육수 만들어서 손질한 해물과 콩나물 넣어 끓이다가,

2 미나리, 대파, 고추, 쑥갓 넣어 소금 간 하면 완성.

싱싱함이 관건인~
우럭매운탕

매운탕을 맛있게 끓이는 데는 특별한 요령이 없어요. 시원하고 담백한 국물을 내 주는 싱싱한 생선이 최고의 비법이지요. 그래서 낚시터에서 갓잡은 고기에 숭덩숭덩 썰어 넣은 야채로 얼렁뚱땅 끓여 내는 매운탕 맛이 최고인가 봅니다.

재료 준비하기

대표재료 우럭(1마리), 모시조개(1줌), 애호박(1/4개), 붉은 고추(1개), 대파(1/2대), 쑥갓, 무, 콩나물
양념장 고추장(1), 고춧가루(2), 국간장(1), 청주(1), 다진 마늘(1/2), 다진 파(1), 생강가루, 후춧가루, 소금

요리 하나 더

강태공의 쏘가리매운탕

재료 쏘가리(1마리), 무(1줌), 양파(1/4개), 풋고추(1개), 대파(1/2대), 미나리, 쑥갓
양념 고추장(1), 된장(1), 고춧가루(1/2), 다진 마늘(1), 청주(1), 생강가루, 후춧가루, 소금

1 냄비에 물 끓이다가 된장, 고추장 풀어 쏘가리와 무 넣고 끓여.
2 나머지 양념 넣고 양파, 고추, 대파 넣어 끓이다가 미나리, 쑥갓 얹어 내면 완성.

❶ 우럭의 지느러미는 제거하고 숟가락으로 비늘을 긁어 깨끗이 씻어 토막 내고,

입 벌린 모시조개는 따로 건져 두세요.

❷ 해감한 모시조개 넣고 조개국물 내서 고추장 풀어 나박 썬 무와 우럭 넣어 끓이고,

❸ 나머지 **양념장** 재료와 애호박, 콩나물, 고추, 대파, 넣어 끓이다 소금, 후추로 간 해서 모시조개 넣고 쑥갓 얹어 내면 완성.

쫄깃쫄깃~ 시원~한
낙지연포탕

낙지는 전골이나 볶음이 최고로 맛있는 줄 알았는데 전국을 맛있는 음식으로 기행하는 프로그램에서 낙지를 넣어 탕을 끓이는 것을 봤어요. 보는 것만으로도 군침이 꿀꺽 넘어가기에 따라해 봤는데 정말 리포터의 말대로 쫄깃쫄깃~ 씹히는 낙지와 가슴까지 시원~한 국물 맛이 예술이네요.

 **재료 준비하기**

대표재료 낙지(1마리), 모시조개(10개), 밀가루(1줌)
국물재료 물(8컵), 무(1토막), 마른 고추(1개), 대파(1대), 다시마(5cm 2장)
낙지양념 송송 썬 실파(1), 다진 마늘(1/3), 참기름, 깨소금
국물양념 다진 마늘(1/2), 후춧가루, 소금

❶ 아래의 '낙지 손질하기'처럼 깨끗하게 손질해서,

❷ **국물재료** 넣고 끓이다가,

깨끗한 국물을 위해 면보에 거르거나 해감을 가라 앉혀 국물만 따라 내세요.

❸ 해감한 모시조개 넣어 입 벌리면 건지고,

❹ 끓는 국물에 낙지를 30초 정도 넣었다 얼른 건지고,

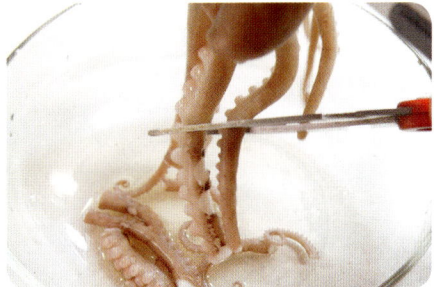

❺ 살짝 데친 낙지는 5cm 길이로 먹기 좋게 잘라,

❻ **낙지양념**해서 그릇에 담고, **국물양념** 해서 팔팔 끓여 담아 내면 완성.

요리조리 이야기

낙지 손질하기

1 먹물이 터지지 않게 조심하면서 머리 가운데 길게 칼집을 넣고,
2 머리 양쪽을 잡고 뒤로 젖혀서 내장을 제거하고,
3 눈은 도려 내고, 다리 안쪽을 엄지손가락으로 눌러 빨판도 제거하고,
4 밀가루 한줌 쥐고 박박 문질러 미끈거리는 것 없애고 물에 헹궈 주세요.

외할머니표 추어탕

어린 시절 우리 자매는 사촌동생들과 외갓집 앞 개울가에서 물고기를 참 많이도 잡았어요. 동네 사람들이 우리를 '어부'라고 불렀으니까요. 개울가는 온통 모래밭을 이루고 있어 비가 와서 흙탕물이 생기면 미꾸라지가 참 많이도 올라왔답니다. 잡은 미꾸라지를 세숫대야에 담아 할머니께 보여 드리면 그날은 세상에서 제일로 맛있는 우리 외할머니표 추어탕으로 가족 모두 포식하는 날이었습니다.

 **재료 준비하기**

대표재료 미꾸라지(3줌), 얼갈이배추(2줌), 풋고추(1개), 붉은 고추(1개)
향신재료 대파(1대), 마늘(3쪽), 생강(1톨)
양념 된장(2), 고추장(1/2), 고춧가루(3), 다진파(2), 다진 마늘(1), 들깨가루(1/2), 생강가루, 후춧가루, 소금, 산초가루(1)

소금을 뿌리면 미꾸라지가 요동치니 뚜껑을 덮어 두세요.

❶ 살아있는 미꾸라지에 소금 뿌려 뚜껑 덮어 해감을 토하게 하고,

이때 호박잎으로 문질러 씻어 주면 미끈거리는 것은 물론 비린내까지 제거가 된대요.

❷ 움직임이 없어지면 고무장갑 낀 손으로 여러 번 헹궈 물기 빼고,

❸ 미꾸라지가 푹 잠길 정도로 물 붓고 **향신재료** 넣어 뭉그러질 때까지 삶아,

❹ 향신재료는 건져 내고, 미꾸라지는 한 김 식혀 눈에 보이는 굵은 뼈는 제거하고 블랜더에 갈아서,

금채취할 때 체를 쳐서 금만 골라내는 그 방법과 동일한 듯 합니다.^^

❺ 체에 담아 국물을 적셔 가며 체를 한 방향으로 탁탁 쳐서 뼈만 발라 내고,

산초가루는 미꾸라지의 흙냄새를 제거하여 추어탕만의 풍미를 더해 준답니다.

❻ 미꾸라지 삶은 물에 뼈 바른 미꾸라지와 **양념**, 먹기 좋게 썬 얼갈이배추, 고추 넣어 팔팔 끓여 내면 완성.

요리조리 이야기

지역마다 다른 추어탕 맛보기

전라도와 경상도는 삶은 미꾸라지의 살을 발라 체에 걸러 끓이는데, 강원도 원주나 충청도 음성은 미꾸라지를 통째로 넣고 끓인답니다. 반면 서울은 고기 삶은 육수에 삶은 미꾸라지와 버섯, 두부 등을 넣어 육개장처럼 끓이지요. 또한 남원추어탕으로 유명한 전라도는 된장과 들깨가루로 구수하고 진한 맛을 내는 반면, 경상도는 칼칼한 맛을 내는 것이 특징이랍니다. 그러고 보니 요리조리 자매는 외할머니의 영향으로 경상도식 추어탕을 끓였군요.^^

믿을 건 집밥 뿐이다